営業女子

働き方の基本がわかる教科書

まえがき

全体の約15％、53万人。

みなさんは、これが何の数字か分かりますか？

実はこれ、営業職における男女比を示す数字です。

日本で営業の仕事に携わる人は約３５２万人以上。しかしそのほとんどが男性で、女性は※全体のわずか15％に過ぎません。なぜでしょうか……？


ここで、この本を手に取ってくださっている、営業女子のあなたに質問です。

日頃、こんな不安を感じていませんか？

「営業の仕事は大好きだけど、結婚や出産をした後も続けられるだろうか……」

「毎晩、夜遅くまで働いて、そろそろ体力の限界！」

「子育てとの両立はとてもムリ。会社を辞めるしかないのだろうか？」

「数字のプレッシャーを受け、つい事務職はいいなぁと思ってしまう」

「職場に、営業職を長く続けた女性の先輩がいないので、ロールモデルがない」
「女性営業職として、どんなキャリアを創っていったらいいのかビジョンが見えない」

実は、あなたが日頃感じているその不安こそが、冒頭の数字につながっているのです。

あなただけではありません。全国の営業女子が同じ悩みを抱え、同じ壁にぶつかり、退職や内勤職への異動を余儀なくされたり、そもそも営業職に就くという選択肢を、泣く泣く捨ててしまったりしているのです。

長い間、男性の手によって築かれてきた営業の世界。長時間労働は当たり前で、根性論がもてはやされてきました。

いくら仕事が好きでも、これでは女性が営業職を長く続けられるはずがありません。

多くの営業女子が特に出産を機に離職し、営業職としてのキャリアを諦めてしまうのです。必然的に、ロールモデルや指針となる女性の先輩は少なくなります。営業女子は将来のキャリアを描きにくく、孤立無援の状態になりがちでした。

こんな現状に「待った」をかけたい！
そう考えたのが、私こと太田彩子が、「営業部女子課」を設立したきっかけです。全国で女性営業職向けのコミュニティを運営することで、多くの営業女子が会社を超えてつながることができる「場」を創りました。彼女たちの孤立無援の状態を解消し、スキル・キャリア開発を目的とした勉強会やイベントを開催して、皆さんの活躍を応援しています。

かくいう私も「営業女子」出身のひとりです。大学在学中に出産し、その後、子育てをしながら飛び込んだのが広告営業の世界でした。リクルート社の「ホットペッパー」という媒体の営業です。始めは全く成果が上がらずに苦労しましたが、ありがたいことに社内表彰のＭＶＰにも３度入賞することができました。何の強みも自信もなかった私が、育児をしながら営業職につくことで自立し、いつしか、かけがえのない天職となったのです。

だからこそ今度は、営業の現場でキツい思いをしている女性を救い、支援をしたい。そう強く願うようになったことも、営業部女子課設立へと動くきっかけになりました。

本書には、現役の営業女子のみなさんだけでなく、営業職への就職や転職、復職を考えている女性を応援する内容が書かれています。

●営業という仕事の魅力や、働く上でのノウハウや悩み、これからどうキャリアを積んでいくかを解決するヒント。

●「売る」ためのスキルはもちろん「仕事のマンネリ化防止」のための目標設定

や、「リーダーシップ」の発揮の仕方。

●営業部女子課が培ってきた、営業女子に必要なスキルやマインドセット、キャリアの創り方、いかにしてサバイバルしていくかといったノウハウ。

これらに関する情報や考え方の極意を、私自身の経験だけでなく、営業部女子課に在籍するあらゆる業界、企業で働く営業女子の皆さんの体験や実例を紹介します。

また、営業女子の皆さんだけでなく、営業職の女性を育てていきたいと考えておられる経営者、人事担当者、女性を部下に持つ管理職や一緒に働く営業男子の皆さんにとってもヒントにもなるはずです。一緒に働いている営業女子がどのようなことに悩んでいるのか。さらにこれからの営業女子が目指す新しい働き方についても興味を持っていただけたら幸いです。

2016年4月、女性活躍推進法が施行されました。

これまで以上に女性の活躍推進に向けた取り組みが、各企業や社会に期待されています。

社会の変化に伴って、営業職の「長時間労働の常態化」や「根性論」も、少しずつではありますが、薄れつつあります。むしろ時間よりも質を大切に、お客さまとの関係を濃密にして、いかに効率的に成果を上げるかが問われ始めています。

おかげさまで、拙著「1億売るオンナの8つの習慣」(かんき出版)は、ベストセラーとなりました。同書で必要性を訴えた、仕事もプライベートも充実しようという「かしこカワイイ」働き方は、今では当たり前の考え方になりました。本書では、さらに成果を出しながらメリハリある働き方、より豊かな人生を送れるためのヒントを詰め込んでいます。

さあ、いっしょに営業女子の新しい時代の扉を開きましょう。
不安を吹き飛ばして、営業の世界で、思いっきり活躍しましょう！

太田彩子

※総務省　平成24年就業構造基本調査

目次

第2章
絶対に目標達成するための「かしこカワイイ」営業とは

第4章 営業女子が元気に活躍し続けていくには？

第1章

今、営業女子の活躍が期待されている！

営業の世界において今、女性のチカラに注目が集まっている

営業で活躍する女性（営業女子）を100万人に増やす！という大きな目標を掲げ、日夜活動しているわれらが営業部女子課。

現役の営業女子同士でノウハウを教え合ったり、情報を交換したり、時には悩みを相談し合いながらお互いの連帯を深めつつ、さらに多くの営業職に就く女子をサポートしていくことを目指しています。

しかし、営業というと「男性の仕事」というイメージが一般的には強いですね。実際に多くの営業の現場では長らく「男性は外勤、女性は内勤」が当たり前でした。

たとえ営業部に所属していたとしても、女性は、第一線での営業活動はしていないケースがほとんど。女性は営業に向いていない、女性には営業は務まらないと考える人が男性だけでなく女性にも多いと思います。

営業の仕事といえば毎日、得意先や得意先候補を何カ所も回り、見込みがあるとなればセールストークを展開し、時には強気にプッシュし、時には相手を懐柔しながら契約を取るというシーンを思い浮かべるでしょうか。

日々、契約が取れるまでひたすら足を棒にして売り込みに回り、休日も大切な顧客との接待ゴルフで頑張る……一に体力、二に気合、そして根性が必要な泥臭い仕事のイメージです。こう見ると確かに女性には向いていないと捉《とら》えられそうですし、人気がなさそうな職種に見えますね。

しかしその一方で真面目な対応、正確な商品知識などで着実に契約を取っていくスタイルだけでなく、最近ではＩＴを駆使し、顧客データを分析する営業スタイルや、これらを組み合わせた方法もあります。つまり、今の時代は、営業職で女性が能力を十二分に生かして活躍できる可能性が広がっているのです。

「営業女子」という言葉が、テレビで話題に！

近年、実は営業の世界で女性に注目が集まっているのをご存じでしょうか。

営業女子。

私たちが広めてきた「営業女子」という言葉が、ここ数年、各企業の営業の世界でトレンドとなっているのです。

女性の営業職に社会も注目しはじめたと私が初めて実感したのは２０１３年、日本テレビ「ＮＥＷＳ ＺＥＲＯ」の「桐谷美玲 ｍｙ ｇｅｎｅｒａｔｉｏｎ」で「営業女子」が特集された時でした。

テーマはずばり「営業女子…いま増えるワケ」です。

私も出演したのですが、企業が女性の営業力に注目しはじめ、活用するようになってきた状況が紹介されました。最後に村尾キャスターが「営業女子によって財布の紐が緩み、日本の景気回復に繋がる」とコメントしたのが印象的でした。

以来、営業女子という言葉は、女性誌や就職関連の雑誌やネットで頻繁に登場するようになってきています。これまで多くのテレビ、新聞、雑誌、メディアなどで取材され、特集も組んでいただきました。

また営業女子関連のセミナーやイベントも、私たち営業部女子課だけでなく、多く開催されています。たとえば、リクルートやサントリー、KDDI、IBMなど複数社に勤務する営業女子が集まり、営業現場の課題に取り組み、各社経営者に提言を行う「新世代エイジョカレッジ」というプロジェクトも注目を集めています。

なぜ、そのような動きになってきているのでしょうか。

「営業女子が注目される理由」を1章では紹介していきたいと思います。

根性だけでは売れない時代。だからこそ、女性の出番！

実は営業女子が注目される背景には、社会や経済の大きな変化があります。

なんだかいきなり話が大きくなりましたが、本当の話です。

いわゆる「プロダクトアウト」という、良いものを作れば売れる、という時代は終わりました。消費者の価値観の多様化や消費行動の多様化、それに伴う商品やサービスの多様化が進んでいます。この変化によって、これまで「勝ちパターン」とされてきた営業のやり方が通じなくなってきたのです。

これまでの営業スタイルの主流は、いわゆる「狩猟型営業」でした。この方法はまず顧客となりそうな見込み客に、根性と努力で次々と売り込みをかけていきます。いわば売りたいものやサービスといった「一つのゴール」に向けて、道筋をつけたセールストークでプッシュして成約を目指すというアグレッシブな営業スタイルです。そのため、営業組織で重視されたのは、「絶対に売ってくる」という根性論でした。

このような「狩猟型営業」では気合や根性が重視されます。とにかく地図を塗りつぶすように可能性が少しでもありそうなところを徹底的に回って営業します。当然のことながら、断られる確率も非常に高いですが、そこは根性で乗り越え、ひたすらプッシュする……。

可能性がありそうとみたら、気合を入れて機会を逃さずに成約に持ち込んでいく。特に大口の契約が見込まれる顧客に対しては、セールストークにも磨きをかけて攻勢をかけていきます。

ところが、近年、この狩猟型営業が通用しなくなってきているのです。

狩猟型は売りたい商品やサービスというあらかじめ決めている一つの「ゴール」に向けて、一つの道筋を作ってひたすら押せ押せで進むというスタイルです。

ところが顧客サイドにおけるニーズも消費行動も多様化しています。一つのゴールだけを設定してアプローチしても、顧客のニーズに合わない、もしくは納得していただくことが難しい。狩猟型営業では、顧客の変化し続ける多様なニーズに応えられないケースが増えてきているのです。

お客さまのニーズを掴むコミュニケーション力が成果を左右!

こうした変化が起きている状況で、多様な営業アプローチでお客さまの課題やニーズを深く掘り下げていくことが求められています。

そこで勝ちパターンとして注目されるようになってきたのが、「農耕型営業」です。

目に見える顧客のニーズをただ刈り取るのではなく、顧客という土壌を耕しながら、さまざまなニーズの「種」を見つけて蒔《ま》いてはそれを育てて新しい提案をしていくという営業スタイルです。

この農耕型営業で重要になるのがコミュニケーション能力です。

時間をかけた丁寧な顧客との会話によって、人間関係と信頼を築きながら、顧客のニーズを深く耕し、価値ある提案をして成約に結びつけていきます。

時には顧客自身が気づいていないような課題を見つけ出し、解決となる提案をすることもあります。

単純に体力勝負のスタイルではなく、「頭」を使って顧客のブレーンとなり、顧客にとっては不可欠の存在になっていくことを目指します。

狩猟型営業のように「電光石火で大口契約を決める」といった派手さはありませんが、顧客との関係をコツコツと積み上げて、着実に結果を出していくことができます。一度信頼関係を結んだ顧客とは長く、取引ができるという点が大きな強みです。

農耕型営業――必要なのは時間よりも〝質〟

顧客という土壌を耕しながら、さまざまなニーズの「種」を見つけて育てては新しい提案をしていくという農耕型営業のスタイルでは、女性が活躍するチャンスが数多くあります。

農耕型営業で必要とされるのは、コミュニケーション力はもちろんのこと、顧客の状況を詳しく的確に聴き出すヒアリング力、相手の立場に立つことができる共感力、そして着実に顧客の持つ資源という土壌をコツコツ耕していく勤勉さなどです。

こう思えば、「私にもできそう！　やってみたい」と思う女性が多いのではないでしょうか。

狩猟型営業では売り込みで数多くの件数を回らなくてはならず、長時間労働になりがちでした。このため、ライフイベント等で時間の制約が生まれてしまう女性が続けていくのは難しいと考えられがちでした。

しかし、農耕型営業の場合は、「時間量」だけで勝負するのではなく、見込みのある顧客と丁寧にコミュニケーションを取る「質」を重視します。

またＩＴの発達によって業務を効率化できるようになってきているので、労働時間を短縮できます。むしろ、より短い労働時間でより大きな成果を出すような効率的な働き方が、営業の世界でも期待されるようになっています。

ですから農耕型営業では、育児などで事情を持つ女性でも大いに能力を生かして活躍できる可能性が十分あるのです。

女性消費者としてのあなたの能力、そこに会社側も注目している

さらに日本における市場の変化も見逃せません。

日本では今後、大幅な人口減少とそれに伴う、市場の縮小が加速化していきます。ちなみに２０１６年の新成人は、約１２１万人。20年前には約２００万人だった新成人人口が、今では１００万人台になってしまいました。

縮小化する市場、しかも若い世代の割合が少ない市場では、一か八かの大きな取引よりも、一つ一つのニーズを発見し、育てていく着実な営業が、結果を出します。真面目にコツコツと成果を積み重ねていくやり方が、これからの日本市場においては主流になっていくでしょう。

日用品の7割は女性が購入。だから女性の営業職は重用される

さらに消費者としての女性の存在感も大きく、そのことが女性の営業職の重要度を高めています。

家計支出のうち、夫より妻が意思決定する割合は、日本では7割以上とされています《内閣府「男女の消費・貯蓄等の生活意識に関する調査」（２０１０年）》。

三菱総合研究所・生活者市場予測システムの調査では、電子レンジで88％、洗濯機で95％は女性が購入を決定しています。

夫婦で自動車や住宅といった大きな買い物をする際も、最終的に支払いをするのは夫だとしても、実際に何を買うかを決めるのは妻の意見がかなり色濃く強く反映されているということです。

そして総務省「全国消費実態調査（２００９年）」によると、可処分所得のうち消費支出に回す割合は、女性約88％に対して男性約72％という結果が出ています。

女性のほうが消費に積極的であることが示されているのです。

消費者として女性の存在感がこれだけ強いのに、売る側の営業職がいまだに男性中心というのは少々心許なくないでしょうか？　女性たちのニーズを十分に捉えているのでしょうか？　もしかするとこれまで、多くの売るチャンスを逸していたのかもしれません。

営業の側にも女性が増えて、消費者目線や女性目線が生かせれば、市場のニーズにも的確にこたえることができて、消費も伸びていくのではないでしょうか。

これは日本だけの状況ではなく、アメリカでも購買決定の85％は女性がするといった記事が、Ｆｏｒｂｅｓなどの経済誌で紹介されています。男性が購入を決めそうな自動車も、実は女性が購買決定をしていることが明らかになり、自動車業界では女性向けマーケティングを真剣に行うようになってきています。

女性のニーズを的確に捉えて、商品開発から販売に結びつけていく上でも営業女子の存在が重要になっているのです。

人工知能が営業力を変える

さらにＡＩ（人工知能）やＩＴの技術革新が急激に進む中、今後、営業という仕事に求められることが大きく変わるのではないかという予測もあります。

これは営業だけではなく、多種多様な業界で職務内容に大きな変化が起こると考えられています。

２０１３年にオックスフォード大学のマイケル・Ａ・オズボーン准教授は、「雇用の未来」という論文でＡＩやＩＴ技術によって今後10〜20年の間に「消える職業」「なくなる仕事」が出てくることを明らかにして、世界の産業界に衝撃を与えました。

人工知能やＩＴに取って代わられる主な仕事は、「法律事務所の事務員」「経理担当者」「タクシー運転手」「医療事務員」「不動産仲介業者」「小口営業員」「銀行窓口係」など、さまざまな仕事が列挙されています。将来、多くの人が仕事を失うかもしれないリスクがあるといってもさしつかえないでしょう。

一方、生き残る仕事としては、「ソーシャルワーカー」「小学校の先生」「看護師」「外科医」「セールスエンジニア」「キュレーター」などが挙がっています。

ひと言でいえば、ルーティンワーク的な職業は消える可能性が高く、逆に高度な専門性や頭脳労働が必要とされる仕事、またクリエイティブな作業をする職業が残るということです。

こうした大きな波の中で、将来営業に求められる職務内容はどのように変わっていくのでしょうか。

現実に起こりつつある変化としては、ルーティンワークがＩＴの発展で大きく減少しつつあります。またビッグデータを基に、売り込み先の優先順位や勧めるべき商品の候補などもコンピュータが分析してくれるようになってきています。

とすると、今後、営業の仕事では、ＩＴを上手に使いこなして、より効率的に業務を進めることが求められるでしょう。さらにはＩＴと協力し、顧客の新たなニーズを発掘していくといったスキルも新たに求められてくるでしょう。

基本的にはルーティンワーク、情報を処理すればできる仕事は機械が代行するようになり、人間は考えたり、付加価値をつけるといった仕事に集中していくという方向に向かいます。

ＡＩの進化はめざましく、これまでは非ルーティンワークだった仕事もルーティン化してしまいます。単純に「売れ筋」の商品を勧めたり、お客さまの嗜好を過去の消費行動から分析して商品を勧める仕事だったら、将来はロボットに任せるといったことになるかもしれません。

当然のことながら、お客さまのところに出向いて「何かお入り用のものはありませんか」と聞いてくるだけの営業では、ロボットに仕事を奪われてしまいます。

女性、男性どちらにとっても、営業の新しいスタイル、新しい働き方を模索していかなくてはならない、大きな変化の時代を前にしているのです。

女性にこそ、営業で活躍できる時代がきた

このように女性の力が重要になってきている営業の世界ですが、私が多くの女性に営業という仕事をお勧めする理由は、営業という仕事が女性にとって可能性に溢れた職種だからです。

まずは営業職が女性にとってどのような点で魅力的なのか、お勧めする理由を紹介していきたいと思います。

近年、女性の活躍を推進し、管理職への登用を進めていくことが企業には求められてきましたが、その動きに合わせて営業職における採用、活躍支援が増えてきました。大手企業では10年ほど前から変化の波が起きていて、女性の営業職の採用、配置転換が増えています。

女性活躍推進法も大きな後押しに！ 企業も女性の営業職の活躍を積極的にバックアップ

さらに２０１６年４月に「女性活躍推進法」が施行され、女性の活躍推進に向けた企業の取り組みが期待される中、今後も「営業職に女性を」という動きは進んでいくことでしょう。女性の営業職を何割にするといった数値目標を掲げる企業も出てきました。

金融業界では、「採用における営業職の５割を女性に」という数値目標を掲げる会社もあります。国の政策も後押しする中、女性営業職の活躍推進が今大きな流れとなっています。

また、大手保険会社や銀行、証券会社など、これらの営業部門で女性の活躍推進が活発化し、内勤職だった女性を営業に異動させるという動きが始まりました。

ある大手損保会社は約10年前に人事制度を変更し、システムや事務手続きのスリム化を行いましたが、これがきっかけとなり、女性社員の営業における活躍が広がりました。その後、同社では、「男性は営業、女性は事務」といった固定観念を取り払う意識変革を進めはじめています。なお、営業職の女性が増える一方で、事務職の女性は減る傾向にあります。

その理由は、ずばりいうと、ＩＴの普及です。事務関連の仕事の効率化が進んで、内勤の人員が少なくてすむようになったのです。

効率化による事務部門の縮小化はその後、さまざまな業種に広がっています。企業は直接部門の人員を増やし、間接部門を減らしていく方向にあり、こういった女性営業職を増やす動きは金融業界からメーカー、ＩＴ関連業界、サービス業界などにも広がりつつあります。

他業種と比べ、求人数も多く、営業女子は平均収入も高い

求人数が多く、平均収入も事務職に比べると高いという点でも営業職は魅力的です。就職活動中もしくは求職中の女性はぜひ、営業職も視野に入れてみてください。

女性営業の求人倍率はここ数年、１・２倍～１・５倍の間で推移しており、常に求職者よりも求人の数が上回っています。一方、一般事務職の求人倍率は０・19倍（２０１４年６月）。近年は０・２倍前後で推移しています。10人の希望者に対して２人分の雇用先しかありません。

また転職情報誌・サイトのＤＯＤＡの調査によると、２０１５年の職種別平均年収ランキングでは、営業系はＭＲの２位（７３１万円）を筆頭に、証券で５１１万

円、ＩＴ系で４９７万円、56位の食品系は４４０万円と60位までに十数の業種でランクインしています。一方、事務職は57位のオペレーターが最高位で４３４万円、一般事務は74位の３５７万円。全体的に営業職が他と比べ平均収入が高い傾向にあるのです。つまり、営業は豊かな生活を手に入れることができる職種です。

営業は未経験者でも歓迎され、また成果も上げられる

営業は未経験者にも門戸が広く開かれている職種です。経験不問、年齢不問、性別不問、学歴不問など、あらゆる人がチャレンジできるのがこの仕事の特徴です。営業というとアグレッシブなセールストークで相手にお願いする印象が強いためか、「売り込みの才能がないとできない」「モチベーションが高い人でないと無理」「特別な人でないとできない」と誤解されがちですが、決してそんなことはありません。

もちろん知識やスキルを身に付けて、常にそれらをブラッシュアップしていく

努力は必要です。しかし営業の仕事は、普通の人が普通に努力してコツさえ身に付ければ、結果を出していくことができます。

子育て中の女性も、社会人経験がほとんどない人も、仕事を辞めてブランクがある主婦も、その人の置かれた環境に関係なく、ゼロベースから挑戦できます。

このように説明すると主婦の方からは、「営業なんてやったことがないから絶対無理」と頭から否定されることが多いのですが、営業部女子課のメンバーの中には、主婦から企業向けに提案する出版系の営業職に就職して、3年後には営業支社トップレベルに入る結果を残すほどになった人もいます。

また、昨今は育児で仕事を辞めた専業主婦向けのインターンシップを開催し、就業支援をする企業も登場しました。

たとえばWarisとサイボウズという企業は、2016年6月に元キャリア主婦の再就職を支援するプログラム「キャリアママインターン」を開催して、1

カ月にわたりインターンシップを実施しました。インターンシップ終了後、本人が希望すればサイボウズ社で募集中の求人に応募も可能ということで、大勢の元キャリアママが応募。参加者の8割にあたる人が正社員として復職を果たし、中には営業関連の職で働きはじめた人もいます。

何もスキルがないところから学んでいくことができるうえ、さまざまな機会が提供されています。

だからこそ新卒から社会復帰を目指す主婦の方まで、多くの女性に営業職として働くことをぜひ考えていただきたいのです。

女性の持つ「生活者視点」を提案に生かせる

女性が持っている豊かな生活者視点を仕事に生かせるという点も、営業職の魅力です。特に子育て中の営業女子(営業ママと営業部女子課では呼んでいます)の生活者視点の深さ、鋭さは際立っています。

ワーキングマザーである私の実感でもありますが、母親になると日常生活のさまざまな問題を発見できて、それを解決するためのアイディアが思い浮かぶようになるんですね。

また子育てを通して、ママ友であったり保育所や学校、近所の方など仕事以外の人との交流も自然とできて、その中で、視野も広がっていきます。

それまでは思いつかなかったような新しいニーズを見つけ出すこともよくあり

ます。

営業ママの数はまだまだ少ないですが、多くの子育て中の女性たちが営業職として活躍できるようになれば、今までなかったような新しい提案、付加価値の高い提案をすることができるようになる。そうすれば、お客さまも喜び、営業部にとっても頼りになる戦力となれるのです。

営業スキルが身に付くと食いっぱぐれがない

そして営業スキルはある程度、汎用性があります。

つまり業種が違っても、営業の仕事に大きな違いはありません。それぞれの業種によって、必要な知識を学んでいくなどカスタマイズは必要ですが、まったくのゼロからのスタートにはなりません。つまり業種が異なっても営業職として働くことは比較的容易であるということです。それまでの仕事における経験ももちろんプラスになります。

ですから何らかの事情で勤め先を辞めることになっても、再就職が比較的しやすい職種だといえます。営業スキルを持っていれば食いっぱぐれがないということですね。企業としても、「利益を直接生み出してくれる」営業女子の復帰は大歓迎なのです。

営業スキルは多くの仕事で通用する

さらにいえば、今や営業部だけでなく、あらゆる部署で営業スキルは必要とされています。マーケティングや商品開発といった仕事では、顧客のニーズを的確に理解しつつ、イノベーションを生み出していくことが期待されています。そこで必要となることは、まさに営業のスキルと重なります。

それ以外の職種でも、業務を進める上では、内勤外勤関係なく、相手側に立ったコミュニケーションを進めたり、どうすればスムーズに社内稟議が通るのかなど、相手から認めてもらうために分析をして行動することで、うまく進みます。

営業職で培われるスキルとしては次のようなものがあります。

人と交渉して成果を出していくコミュニケーション力や交渉力、魅力的に伝えるプレゼンテーション力、時間内に仕事を終わらせるタイムマネジメント力、誠実に仕事と向き合う力、第一印象を良くする外見力、結果を出していくためのプロセス管理力や忍耐力、前向きにものごとを捉えるポジティブ思考や積極性、社会情勢や経済状況、業界の状況などを把握する情報力、情報と情報を組み合わせて価値を創造する力など。

つまりこの先、営業以外の仕事に就くことになった時にも、営業力を生かすことで職場にすぐに貢献できるということです。

営業以外の職種においても、業務を進める上では、相手側のニーズを把握したり、交渉したり、落としどころを見つけたりといった営業スキルが必要となってきます。もし、将来営業とは別の仕事をすることになったとしても、営業スキルは生きてきます。

営業スキルは、働く人すべてに必要なスキルなのです。

営業は何よりもやりがいのある仕事である

そして、女性に営業職を勧める一番の理由は、何といっても営業がやりがいのある面白い仕事だからです。

営業とは顧客にひたすら頭をさげてお願いして、契約をいただくといった仕事だと思っている方も多いのではないでしょうか？

しかし私が考える営業という仕事は、まったく違います。

営業とは目の前のお客さまの課題を探し出して、その課題を解決するようなサービスや付加価値のある商品を提案することなのです。お客さまがその提案を受け入れてさらに成果が出れば、お客さまから感謝される仕事なのです。

お客さまの役に立ちたいと願い、話をうかがっているうちに「こんなことをしたらいいのではないか」とアイディアを提案して喜ばれたりすると、素直に嬉しいものです。さらにじっくりお話を聞く中で「お客さまが今、必要としているのはこういうものではないのか」とこれまでとは違う別の角度で提案したところ、成約となり、さらにお客さまからも大変に喜ばれる。こういう時こそ、高い達成感を感じるのです。

小さな行為かもしれませんが、自分が動いたことによって相手企業や相手の人生さえも変えてしまうことがある。それぐらい尊く、大きな意味のある仕事だと思っています。

さらに自分がやったことが一つ一つ「結果」として積み上がっていく楽しさがあります。成果が出ない時は落ち込みますが、頑張って取り組んだことが結果に結びついて、目標を達成できた時の喜びと自信といえば何にも代えがたいものです。

結果を求められるという厳しさはありますが、他の職種に比べると自分が努力したものがはっきりと見えるという点もやりがいになります。

そして何よりも、お客さまに喜んでもらい、「ありがとう」と感謝していただける。このようにダイレクトに相手から感謝してもらえる仕事は、なかなかありません。

経験を積み、キャリアを積んでいくに従って、スキルも深まっていきます。スキルについては2章でご紹介しますが、頑張れば頑張るほど仕事の面白さが増していくというのは嬉しいですね。経験がプラスとなって、スキルに奥深さが加わっていき、長く続けていくことができる仕事なのです。

この点こそ私が、そして営業部女子課のメンバーたちが、女性に営業職を勧める理由なのです。

自分なりの営業スタイルの見つけ方

私はキャリアをスタートする前に、ライフイベントがやってきてしまいました。大学在学中に結婚、出産を経験したため、就職活動を始めた時はすでに「一児の母」でした。子供を育てていくために、働かざるを得なかったのです。そしてある程度、覚悟はしていましたが、就職活動の結果は予想以上に厳しいものでした。

卒業年の1998年は大手金融機関の破綻に伴い、新卒の就職は全般的に厳しかったということもありましたが、見事に書類選考では落ちてばかり。卒業後も就職先は決まらず、一時は家業を手伝いながら専業主婦になりました。

どんなキャリアを歩みたいか……といった夢を描く余裕などありませんでした。「自己実現や働きがいを求めて」というようにポジティブに仕事を捉えることなどなく、就職活動を続ける中で唯一採用されたのがリクルートの営業職でした。

当時は世の中に女性営業が少ないことさえ知らなかったのですが、リクルートは当時としては時代の先を進んでいて、男女の区別なくさまざまな職種に人材を登用している会社でした。でもそんな実感も湧かないまま、当然成果なんて出すこともできず、1年未満でしっぽを巻くようにしてリクルートを退職してしまいました。

周囲と同じことをしていても結果は出ない

その後は一時的に主婦に戻りましたが、気がつけば25歳に。経済的に自立をしなくてはいけない……と焦りを感じていたところ、リクルートの元上司と道でばったり出会ったのです。そして、創刊準備が進んでいた「Ｈｏｔ Ｐｅｐｐｅｒ」の企画営業として声をかけられ、再び働きだすことになりました。

この時はもう「営業は私に向いていない」などと甘いことは言っていられませ

ん。何としてでも辞めずに結果を出さなくてはいけないと覚悟を決めました。

あとで元上司から「以前と比べて、太田の顔つきが違っていた。これなら大丈夫だと思って声をかけた」と言われました。私の必死の思いが伝わったようです。

与えられた担当は、主に新規開拓営業とその後の既存顧客の維持でした。

「今日はこの街を攻める」と決めて、あとはひたすら一軒一軒飛び込み営業をする日々が続きました。

しかし、なかなか結果は出ません。

周りはみな、スーパーセールスだらけでした。

みな一日にこれでもかとばかりに顧客を回り、積極的に攻勢をかけて、見事に契約を持ち帰ってきます。もともとおとなしい性格だった私は、「この人たちのようにやるのはまず無理」と尻込みしてしまうばかりでした。

周囲と同じやり方では結果は出せない……。

そう悟り、自分なりの営業スタイルを模索しはじめたのです。

「売らない営業」がなぜか成果に結びついた！

「地味でもいいから、周囲と違うことを始めよう」

今まで平凡に生きてきた私にとって、華やかに大きな契約を刈り取っていくようなカリスマ的な営業は無理でした。

飲食店やヘアサロンを訪問することが多かったのですが、店の方の役に立てばと思い、女性に人気のランチメニューや流行っている美容院の経営手法などをレポートにまとめるなど、「お客さまが喜ぶことをする」という「売らない営業」に徹することに決めました。

レポートを出したからといって、すぐに結果に結びつくわけではありません。初めは梨のつぶてでしたが、次第にお客さまからは、「毎月、楽しみにしているよ」

と、良い反応が返ってくるようになりました。

成果にすぐに結びつくわけでもなく、生ぬるく、ムダの多い営業だと、周囲からは見えたかもしれません。私自身も、先が見えないことに焦りを感じ、途方に暮れたこともありました。

しかし、徐々に訪問先のお客さまとの間に信頼関係が育まれ、半年くらい経つと一気に結果が出始めたのです。「少しだけ周囲と違うことに取り組む」ことは間違っていなかったことに気づきました。

こうして営業というのは非常にクリエイティブな仕事であり、単純にモノやサービスを売ることではないことを知りました。営業という仕事の醍醐味を実感し始めたのです。

ライバルと戦わなくても、周りの真似をしなくても、自分が得意なことを活かした営業スタイルを培えばいい。そして人より少しだけ努力して、コツコツ実績を積み重ねればいい。自分に違和感のないやり方で努力を重ねれば結果もついてくる。そう強く感じるようになりました。

効率的に働くことを覚えれば、長時間働く必要はない

幼い子供がいる私にとって、働ける時間は周囲に比べると限られていました。ですので、平日の昼間に集中して仕事の成果を出さざるを得ませんでした。時間のなさと闘ったからこそ、効率的に成果を出す術を身に付けることができました。

ある程度営業活動の基礎が整ってくると、今度は戦略を持ってお客さまにアプローチをかける「頭を使った」営業手法を編み出す努力をしてみました。

しらみつぶしに「顧客リスト」を全部塗りつぶしていくという方法では、時間を浪費するばかりです。

それでは効率が悪いので、上司から学んだことは、事前に訪問するお客さまのことを下調べして、「このお客さまにはきっと、このような課題があるのではない

か？」という仮説を立てて、そのためのソリューションを提案するというやり方です。準備万端にして訪問するように心がけました。

事前にお客さまのあらゆる情報を集め、その要望や悩みを解決できるような引き出しを持っておくのです。

仮説が外れていたとしても、そこで軌道修正すればいいだけの話なので、「ああ、やっぱりうちのサービスは不要なんだな」と落ち込むことなどありません。

仮説力、情報力、行動力（と、私は呼んでいます）を駆使して、お客さまとの打ち合わせやヒアリングを進めると、仮説もどんどん精度が高くなってくるので、相手の目標やビジョンに近くなっていきます。営業パーソン自体も、臨機応変にお客さまの状況に合わせていくので、お客さまからの信頼も厚くなっていくのです。

仮説に基づいたプランを持って、お客さまにアプローチを重ねていくので、商談も内容が濃くなり、お互いの時間も効率的に使えます。商談時間も、あらかじめ顧客に「今日は、1時間お時間頂戴しますね」と最初にお伝えしておけば、相手にも配慮しながら自分の時間もコントロールができるようになるのです。

おかげさまで、成果も上がり、社内表彰のMVP制度で3回、表彰いただく機会にも恵まれました。

大学卒業時、子供をかかえて就職で大きな壁にぶつかり、同世代の女性たちに大きな遅れを取った私でしたが、営業職として働くことで自立を果たし、自信を取り戻すことができました。

誰もが努力すればスキルを身に付けることができ、自分の特性を生かしながら結果を出せる。自分の経験からも、多くの女性が営業女子として活躍してほしいと思うようになったのです。

家庭も趣味も楽しんで結果を出す！

新しい戦力として注目される営業女子ですが、彼女たちが活躍し、長く働き続けていくには、営業部の職場環境の変革も必要です。

たとえば労働時間。

営業部は伝統的に夜9時、10時と遅くまで働く前提の長時間労働の職場が多いですが、結婚して、将来は子供を育てていこうと思っている女性からすると、このような環境でずっと働き続けていくことは困難です。

営業部女子課でも「営業部ママ課」という、営業職のワーキングマザーを応援するコミュニティがありますが、どのメンバーに聞いても「周囲には同じ営業ママは皆無」というほど、育児をしながら営業職として活躍している女性は非常に少ないのが現状です。

営業部は長期間にわたって、男性中心のモノカルチャー（単一文化）の世界でした。これまでは「モノが売れた時代」が続いたので、上下関係や精神論にのっとった均質的な営業手法が醸成されていったのだと思います。

多様な営業スタイルや多様な働き方が実現するには、会社や営業部全体の意識を変えていく必要があるでしょう。

しかし、これには時間がかかります。

ではどうすればいいのでしょうか？　もちろん、上司の意識改革や職場環境の改善は必要です。同時に、小さな働きかけではありますが、営業女子たちも「別の働き方」にチャレンジして、結果を出していくことだと私は思います。

営業部女子課に参加して、かしこい働き方を学ぶ

「かしこカワイイ」は、仕事で成果を出しながらプライベートも大切にして全方

位で輝く女性についての形容詞として定義されています。また営業部女子課のキャッチフレーズとしても掲げられています。「かしこい」には知的であり、結果をきちんと出すという意味が込められています。

そのためには、営業として、数字をしっかり残すことが大前提です。「カワイイ」は仕事以外の生活、たとえば家庭を大切にしたり、趣味も楽しんだりといった、プライベート部分の充実を意味します。

つまり仕事では目標を達成して周囲から認められ、顧客からも感謝されるプロフェッショナルであること。その一方、プライベートでは友人たちと楽しい時間を過ごしたり、趣味や勉強に励んだり、家族との生活、子育て、恋愛といった時間も充実させるのが、「かしこカワイイ」女子の働き方、生き方なのです。

仕事においてはスマートに、私生活はなんだか楽しそうで生き生きしている、そんな女性ですね。ここ数年「ワークライフバランス」の大切さが唱えられるようになりましたが、自分自身が納得して、目指したいあり方、生き方をする人こそが「かしこカワイイ」女性です。さらに「かしこカワイイ」の今流の解釈でいえば、「豊かな人生」全体を送るための一部として「仕事」を位置づける人もいますが、仕事で成果を出してこそ、人生全体も幸せになれる。ハッピーなライフのためにもワークを充実させるという考え方です。

「かしこカワイイ」営業女子が目指すことは、第一に目標を確実に達成すること。営業職に求められていることは、「結果を出すこと」ですから。

これは男性も女性も関係ありません。営業の仕事をしている人なら誰もが目指すべき当たり前のことです。これが数値責任のない他の職種との大きな違いであり、営業という仕事の厳しさでもあります。とはいえ、昔ながらの「勘」「根性」「長時間労働」のままで働くわけではありません。

目標を絶対に達成するという強い意志を持って、自分の強みを生かしてコツコツと頑張っていけばいいのです。

「かしこカワイイ」スタイルで目標達成。その方法は営業部女子課が知っている

営業部女子課のメンバーは、どのようにすれば営業の仕事とプライベートのバランスを取った働き方、生き方ができるかを、日々の生活の中で、それぞれ考えて、試行錯誤しています。

そして、同時にどのようにして目標を達成していくのかについても常に真剣に取り組んでいます。学び合うだけではなく、メンバー同士で悩みを相談することもしばしば。そんな中で、それぞれ自分なりの目標を達成する「かしこカワイイ」営業スタイルを身に付けた方が大勢います。

営業部女子課にはそうしたノウハウやヒントが数多く蓄積されています。

2章では目標を達成する「かしこカワイイ」働き方のノウハウやヒントを紹介します。こうした「知恵」を大勢の営業女子の方々、営業職に興味を持ちはじめた女子の方々と共有し合い、「かしこカワイイ」働き方をする女性が増えることを願っています。

第2章
絶対に目標達成するための「かしこカワイイ」営業とは

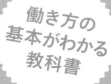

「達成女子になる」という強い意志を持つ！

営業部女子課のモットーは、「かしこカワイイ」女性として元気に仕事を続けながら、プライベートも充実させ、豊かな人生を送ることです。

そのためにはどのような心構えで働いていけばいいのでしょうか。そして仕事で成果を出していくにはどうすればいいのでしょうか。

全国にいる営業部女子課のメンバーが蓄積してきたノウハウや「かしこカワイイ」営業女子になるための心得、ヒントをまとめてみました。メンバーから寄せられた悩みや相談に別のメンバーがアドバイスした解決策やノウハウもあります。男女限らず営業職に就くすべての人向けのヒントも多いので、企業の人事担当の方や営業男子のみなさんも参考にしていただけるのではないかと思います。

1章でも触れましたが、営業職に求められているのは結果を出すことです。そのために、営業女子は目標を達成する「達成女子」を目指すことが重要なのです。

一般的に女性は、物事に対してしなやかに柔軟に対応することが得意ですが、一方で「なにがなんでも達成」といった気迫にやや欠ける人もいます。女性の場合、結婚退職、はたまた育児中は時短勤務やパート勤務など、さまざまな選択肢がある分、「嫌なら辞めよう」という甘さがどこかにあるのかもしれません。

しかし、仕事もプライベートも充実させ、豊かな人生を送る「かしこカワイイ」生き方を実現するには、ともにメリハリのある働き方、つまり仕事で結果を出すことが大前提です。

また長く営業職として働き続けていくためにも「達成女子」になるという視点は、重要です。女性には、出産や育児などライフイベントによって働き方が変わったり、時間的な制約を受けざるを得ない時期もあります。しかし、そのような「しゃがむ時期」においても、「会社に必要な人」と認められ、「あなたには職場に戻ってきてほしい」と評価される人になっておくことが、結果的に営業女子としても有利になるのです。なぜなら、会社からも「必要とされる人」であれば、会社側が働きやすい配慮をしてくれたり、また新しい仕組みを整えてくれるケースが多いからです。

だからこそ、実績を出せる時に、「達成貯金」と呼ばれる達成経験をしっかり積んでおき、どんな時でも「必要とされる人」になっておくことが大事なのです。

だから、「達成女子」を目指すのです。

もう一つ、目標達成の大切さを少し厳しく強調するのは、以前にも増して結果が強く求められる時代になってきているからです。

「効率的かつクリエイティブに結果を出す」新しい働き方が、営業だけでなくあらゆる職種で求められています。

実際にどのようにして結果を出していくかはこの後で紹介していきますが、結果を出すには、「絶対達成する」という強い意志と折れない心が必須だということを肝に銘じてください。

周囲と同じ営業スタイルで働く必要はない

営業職に配属されたばかりの女性の多くは戸惑っていることでしょう。

なにせ同僚のほとんどは男性。もしかするとあなたの職場では男性社員たちが朝から精力的に外回りを行い、夕方職場に戻ってからはさまざまな事務処理や資料作りを夜遅くまでこなしているのではないでしょうか。

そんな男性社員を見て「とても私には無理」と早々に後ずさりしている方もいるかもしれません。「今はいいけれど、ずっと働き続けるかは疑問」と将来を不安視している方は多いことでしょう。

しかし、これが多くの日本の営業部の実態です。日本の会社の営業部には、多かれ少なかれこうした体育会系の男性社会の臭いが漂ってることでしょう。

けれども時代が変わりつつある今、「あえて男性営業の真似する必要はまったくありません」とアドバイスいたします。

体力勝負、根性営業、長時間労働が主流であったこれまでの働き方はもう限界にきています。体力的に続きませんし、真似をしたからといって成果が上がるとも限りません。

日本でも「生産性の高い働き方」が重要視されるようになりました。そこで力を発揮するのが「農耕型営業」です。これまでの営業のやり方でなくても、結果を出すことができるさまざまなアプローチがあります。

男性先輩社員の働き方を見て、「私にはとてもできない」と絶望しないでください。試行錯誤しながらでいいので、自分に合った営業スタイルを確立していきましょう。

キャリアゼロの女性でも大丈夫

一昔前、営業職で活躍している女性には特定のイメージが存在しました。

私の個人的なバイアスも入っているかもしれませんが、猪突猛進でアグレッシブな営業スタイル。接待ゴルフなどもしっかりこなし、男性以上にバリバリと猛烈に仕事をするというイメージです。頭脳明晰で積極的。言葉は悪いですが、女性版モーレツ社員という感じでしょうか。

おそらく女性の営業職がほとんどいなかった時代、男性に伍《ご》して成果を上げるのは、これくらい強烈なキャラクターを備えた女性でないと不可能だったのではないかと想像します。

営業で成功している女性といえば、こうしたモーレツなイメージが強烈だったために、多くの女性は「私にはあんなふうにはなれない」と営業職を敬遠してきた面もありました。

私が営業女子の活躍に力を入れはじめた目的の一つは、こうした営業職の女性のイメージを払拭することでもあったのです。

普通に地道に続ける人が成果を上げる

営業女子といっても、野心的なバリキャリ風の女性である必要はありません。なによりもビジネス環境が変わり、営業の手法そのものが多様化してきています。

今の時代はキャラクターが立ったバリキャリタイプの女性でなくても成果を出すことができます。強いキャラクターで売り込むよりも、「売らない営業」のほうが受け入れられやすい時代といえるかもしれません。つまりは「かしこカワイイ」が期待される時代なのです。

実際、「営業女子」オタクの私が、これまで出会ってきたトップセールスウーマンたちや営業部女子課のハイパフォーマーなメンバーをみても、普通に真面目に頑張っている人ばかりです。

辣腕営業ウーマンという感じの「私が私が」とどんどん前に出て、周囲に有無を言わせないタイプの人はもういません。地味でもコツコツと努力を重ねている人、気遣いのある人、そういう普通の感じの女性たちが、やるべきことをきちんとやって、着実に結果を出しているのです。

営業女子として伸びるのは、素直で真面目で明るい女性。営業は、本来そういう普通でまっとうな人が地道にタスクをこなせば成果を上げていける仕事です。

また、成功する営業女子に多いのは仕事を楽しみながらやっているタイプです。業務量オーバーでたくさんのタスクを前にため息をつくのではなく、一つ一つの作業を面白がりながらやっていけるタイプは強いです。

ある金融系の企業で、神様レベルで契約を取っていたトップセールスの営業女子の方の手帳を拝見したことがあります。その手帳をめくると、表紙にはこんな文字がばーんと書いてあったのです。「仕事を楽しむ！　いつでも、どんな人とでも楽しむ！」と。

以来、その方を見習って私も仕事は大いに楽しむようにしています。

内向的な人が営業で開花することも多い

「私は内向的だから営業には向いていない」という人が、意外にも営業に向いているケースもあるのです。

私が独立後、創業した会社で採用した営業未経験の20代前半の女性A子さん、彼女がまさにそのタイプでした。

彼女は人とコミュニケーションを取ることが苦手。口下手で上がり症という一般に営業には向いてなさそうな性格でした。実際、対面営業では、緊張しすぎて、お客さまが心配になってしまうほど。そこで対面営業の仕事はやめて、電話営業をしてもらったのです。すると、なんとアポ率が平均15%という好成績を達成するようになったのです（業界にもよりますが、電話アポイント率10％を超えると高率という指標があります）。

電話営業ではトークスクリプト（台本）を作ってそれに合わせて話を進めます。真面目な彼女は声に出して何度も何度もトークスクリプトを練習していました。

対面ではないので必要以上に上がらずにすみ、A子さんは電話ではよどみなく話すことができました。むしろ几帳面に丁寧に説明する彼女の話し方が好感を呼び、どんどんアポが取れるようになったのです。電話先の顧客からは「○さんの対応が丁寧で親切だったから、会うことに決めた」と高い評価をいただいたこともありました。

自信がついたこともあって彼女はめきめきと才能を発揮して、電話営業の達人に。

A子さんのように内向的でも、「真面目さ」という別の強みを生かすことで、営業の才能を開花させることは可能なのです。

「私には無理」という無意識な感情を取り去る

営業部に配属された女性の中には当初、「営業の仕事なんてとんでもない」「営業の仕事は向いていない」「私には無理」と嘆く人が大勢います。

たとえば、もともと内勤職だったのに人事異動で営業部に配属された女性の場合、「そもそも私、営業で採用されたのではないのに、なぜ今更営業なの？」といった営業職へのネガティブな気持ちが強くなりがちです。

営業は、何か特殊な才能が必要な世界で、あるいは積極的で交渉上手な人ができる領域で、自分には無理だと思い込んでいる女性が多いようです。

しかし、本当にそうなのでしょうか？

私たちはこうした「無意識のバイアス」で、自分の可能性に蓋をしてしまいがちです。

「あの人のようにバリバリ働くことは無理だ」「私には営業の才能はない」という

思い込みで（本人はそれを大真面目に事実だと思っているわけですが）、せっかくの自分の才能を伸ばすチャンスを自らつぶしていることもあるのです。

営業は、他の多くの仕事と同じようにコツコツ地道に続けることの積み重ねです。

まずは、脳内にある間違った営業職のイメージを消しましょう。そして無心で営業の仕事と向き合ってみてください。

なお、仕事の向き不向きというのは、そんなに固定されたものではないように思います。与えられた仕事や役割によって、人は柔軟に適応できます。その状況に合わせて適応したり、成長する力があると思います。ですからあまり考えずに、柔軟な心でトライすることです。ちょっとやってみたら、意外と面白く向いているということ、それらに気づく女性は多いのです。

1 100%達成と99%達成。この1%の違い、わかりますか?

営業職に求められるのは結果を出すこと。これがシンプルな答えです。

特に最近は、成果を強く求められるようになってきています。そして営業の世界では、目標達成率99%と100%では評価は全然違います。

99%は未達成、100%は達成。たった1%の違いで天と地ほども評価が分かれます。

「目標にはちょっと届かなかったけれど、ものすごく頑張った」なんて言っても誰も聞いてはくれません。達成しなくてはダメなのです。

営業女子として働きだした当初、私もまったく目標が達成できませんでした。その時は会議の席では、誰も私の意見なんて聞いてくれませんでした。しかし、目標を達成できるようになると、誰もが私に意見を求めてくるようになったのです。それくらい目標達成をするようになると評価はがらりと変わります。結果、自分の意見も通りやすくなり、働きやすい環境改善のために会社が動いてくれることもあるのです。

ですから、みなさんにも絶対に達成女子になっていただきたいのです。

達成率120%を目標にしてみる

目標を達成するために私がお勧めするのは、「達成率120%」をあらかじめ自分の目標としてしまうことです。「1000万円の売上目標」と言われたら、「1200万円」を目指すのです。

つまり「ストレッチ目標」を設定しましょう。

その上で絶対に達成するにはどうしたらいいかを考えて働くのです。

だから「最低でも目標を達成させる」ように思考パターンを変える必要があり

ます。「1000万円」という目標に近づこうと頑張っていると、かなりいいところまでいったけれども、950万円で惜しくも目標には届かなかった……といった結果にならないようにするのです。

そして「惜しくも目標に届かず」を続けていくと、「でも頑張ったから仕方がない」「どうせ私には目標は達成できない」と負け癖がついてしまいます。これは危険です。しかしストレッチ目標で「1200万円絶対に達成しなくては」と思って頑張れば、少なくとも会社の目標額である1000万円は気がつけばクリアしていた……ということがしばしば起きます。

そうすれば目標達成はもちろん、さらにその上をいく高い達成率を実現することも可能になるのです。最初から「目標100%は当たり前」という気構えで頑張ることが大事なのです。

3年未達成で4年目から200％達成女子になったメンバーも

「達成女子を目指そう」は営業部女子課の掲げるテーマの一つですが、目指していても、そう簡単に目標を達成できないことがあるのもまた、現実です。

今は達成女子ではないとしても、これから達成できるように努力することが大事なのです。「どうせできない……」と諦めるのではなく、「絶対に達成する」という強い意志を持ち、スキルを磨いていく。正しく努力していれば必ず結果はついてきます。

営業部女子課のメンバーの中にも達成女子になれない中、頑張ってきた人が何人もいます。

たとえば、3年間にわたって大幅に目標が未達成だったAさん、そして入社2年目までは営業部で最下位というBさん。彼女たちは、あきらめずに、どうすればいいのかについて、他メンバーや私たちの開催する勉強会で積極的にアドバイスを乞い続けてきました。

その結果、Aさんはなんと4年目に大幅に目標を達成し、一気に達成女子に変身しました。しかも、「達成率200％」と大幅に目標を上回ったのです。

入社2年間最下位だったBさんは、その後、ぐんぐん順位を伸ばし、社内トップ10に入るまでになりました。

二人とも、いったいそれまでの暗黒時代は何だったのかという変身ぶりですが、それを可能にしたのは、結果が出ない間も「必ず達成女子になる」という強い意志を持って、彼女たちが諦めないで努力をし続けたからです。

今は目標をクリアできていないという営業女子のみなさんも「努力は報われる」ということを信じて頑張りましょう。

営業職でも仕事と家庭を両立させることは可能

営業という仕事が女性に敬遠される理由の一つに「長時間労働」があります。総務省・主な産業別平均週間就業時間（2015年12月データ）によると、全体でも営業職従事者の就業時間は全職業（36種）の中で4番目に長く、女性の営業職の就業時間は、3番目に長いとされています。

育児中の女性など、時間の制約のある営業女子のみなさんはもちろん、男女ともに心身健康に働き続けていくには、一刻も早く「長時間労働」の世界から抜け出すことが大きなポイントです。

昼間はひたすら営業し、夜戻ってからデスクワークをするという中で、気がつくと「夜遅くまで会社にいるのが当たり前」となってしまっている方も多いのではないでしょうか。

現在の営業部の長時間労働は、「習慣性」の部分が多いように私は感じます。夜遅くまでみんなが働いているのは、はっきりいえば「長時間労働がクセになってしまったから」。

先輩や上司は認めたがらないかもしれませんが、夜遅くまで働くのが「日常」になってしまっていて、急を要するわけでもない仕事をだらだらとしているといった面がないわけではありません。

つまり先輩や同僚が長時間働いているとしても、やり方によっては勤務時間を圧縮することは十分可能だということです。

残業を減らし、営業成果を出す働き方とは?

では、どのようにして残業時間を減らしていけばよいか?

まず、徹底的に「無駄」を省くことから始めましょう。

一日のスケジュールを見てください。その中で、営業職の重要部分かつ生産性を生む「顧客との接触時間」がどのくらいの割合を占めているのでしょうか？

実際に、私が以前勤めていた会社で調べたところ、なんと「純粋な顧客接触時間」が全労働時間の1割しかないという若手が大勢いました。その代わり、社内の業務報告やミーティングだらけだったのです。これでは成果に繋がりませんね。

そこで、全営業の「純粋な顧客接触時間」を全体の4割に引き上げることを目指して、時間管理を徹底しました。


また、顧客アポとアポの間の移動に関しても、「今日はこのエリアに集中する」と効率性を心がけたのです。さらに、会議時間を短縮するため、会議前には必ずアジェンダを関係者全員に配信する、打ち合わせは30分以内など、細かいルールを設定し習慣化できるまで続けました。

その結果、成績を上げながらも19時退社が実現できるようになったのです。

こうした私の体験から、営業女子が効率良く働くためのノウハウとして次のようなものを挙げてみました。

【日々の営業活動】

・顧客接触時間は、一日の労働時間のうち4割を目指す。
・アポからアポの移動時間の短縮に努め、エリアごとに集中する。
・顧客商談時は、「本日は〇時までに終わらせますね」と相手に配慮しながら、商談を終わらせる努力をする。
・移動時間やスキマ時間は有効に使うことを心がけ、パソコンやタブレット、スマホなどを使って小さな仕事を終わらせる（メール対応など）。

【スケジュール】

・不測事態に対応するために、それぞれの予定の間に必ず30分の余白時間を設ける。
・社内の事務仕事を15分～30分単位で区切り、カレンダーに入れる。

・プロジェクト的な仕事では、事前にかかる時間を算出し、カレンダーに入れる。
・締切は「3日前」ルールを作る／二重の締切を作る。
・ブレストや新規アイディアの創出など、「考える時間」もあらかじめカレンダーに入れておく。

お客さまとの接触時間を増やすためには、社内での事務を短時間に効率良くこなすなど、社内業務を短時間で終わらせることが必須となります。

会議時間は社員一人の力ではどうにもならない部分がありますが、自分が気づく効率的な働き方を上司に提案してみてはいかがでしょうか。今や「仕事の生産性」は上司にも強く求められていて、上司も頭を悩ませていることなので、早速実践してもらえるかもしれません。

営業から戻ってからのデスクワークにも優先順位をつけましょう。

真面目な女性は「業務すべてが重要」と捉えて、「捨てる」「辞める」ことをおろそかにする人もいます。するといつまでたっても、早く帰れません。他の社員より早く帰るようになれば、あれこれ言う人もいるかもしれませんが、問題は仕事の質と結果です。きちんと要求水準以上の仕事をして、涼しい顔でさっさと帰る。実際に、そんなスマートな働き方を率先して実行している営業部女子課メンバーもいます。

「夜遅くまで会社にいる」という習慣を、営業部全体でなくしていけるようになるといいですね。

仕事と同様にプライベートも大切にする人のために

ワークライフバランスは、実のところ「生活者革命」だ、という言葉も出てきているくらい、生活部分の満足度が高まることで仕事にも好影響をもたらすことが多くあります。しっかり仕事をした後は、早く帰ってプライベートも充実させましょう。

仕事ではしっかり目標達成し、そしてプライベートも満喫する。

こうしたメリハリのあるライフスタイルが、「かしこカワイイ」営業女子の目指すところです。

「今の職場では、夜、会議があって他の社員と同じように朝から夜まで働かざるを得ない」という方も、「長時間働かなくても結果は出せる」という意識を持ってあなたから会社や上司に働きかけてみてはいかがでしょうか。できるところから、勤務時間の短縮に取り組んでみてください。

仕事は集中して優先順位を決めて効率的に行い、プライベートと仕事とのオンオフは鮮やかに切り替える。そんなメリハリのある働き方を徹底しましょう。

労働生産性の高い働き方は今、日本の会社に求められているところでもあるのですから。

プライベートの充実が仕事のパフォーマンスを上げる

プライベートの生活を充実させることが、結果としては仕事のパフォーマンスや質を高めていくと私は思います。何よりも、長時間労働に疲弊して「燃えつき症候群」に陥る人が減ります。

家族と友人との時間でリフレッシュし、心身共に健康でいる。そのうえで、趣味や勉強、あるいはＮＰＯでの職業上のスキルや専門的知識を生かしたボランティア（プロボノ）活動などに参加してみるのもいいでしょう。仕事以外の世界を持つことで、仕事とは違う経験ができて視野も広がります。やる気を出すために、プライベートの予定を先のほうまで入れている営業女子もいます。「○月には……に行くのだから頑張らなきゃ」と、仕事のモチベーションにも繋がりますね。

また、休日にはあえて仕事のメールは見ないと、仕事とプライベートを分けることもメリハリがついて良いと思います。ある営業女子は、あらかじめお客さまに「家庭があるので、休日中は対応が難しいのです。ですが全力で貴社をサポート差し上げたいので、その際の緊急対応は○○までお願いします」と、社内とも連携を取って対応している人もいます。

ちなみに私の趣味は山登りです。山登りを通じて多くの人生の指針となるようなことを学んできました。また、子育てをする日々の暮らしの中から生活者視点が養われ、実際に営業に役立ったこともありました。

最近はプライベートの時間に仕事の経験を生かしたボランティアや社会活動を

行う人も増えてきました。これは、パラレルキャリアとも呼ばれています。営業部女子課のメンバーもまさにそうなのですが、仕事以外の時間を充実させることで毎日が豊かになり、新たな生きがいを生み出しています。

何よりプライベートが充実していると、特に女性は楽しそうな明るいオーラを放つ人が多く、それがお客さまに良い印象を与えます。

このように充実したプライベートが仕事にも良い循環を生み出してくれます。プライベートを充実させるため、仕事のパフォーマンスアップさせるという考え方は本末転倒です。でも、上司に「残業が当たりまえ」という考えを変えてもらい、部内の労働時間を短くしていくためには、「プライベートも充実すると生産性が高まります」と説得してみるのもいいかもしれません。

自分の強みを生かした営業スタイルを確立する

営業は実に奥の深い世界です。

私は100人の営業がいれば100通りの営業スタイルがあると思っています。

自分に合う営業スタイルは、実際に営業の現場に出て、試行錯誤をしながら確立していくしかありません。大切なのは自分の強み、得意とする部分を生かした営業をしていくこと。自分の得意なところを生かす仕事は苦になりませんし、結果も出しやすいのです。

これまで5万人以上の女性営業の成長を支援してきた経験から、多くの営業女子の強みは「感性」にあると実感しています。感性を生かしたコミュニケーション力で結果を出している営業女子が多いのです。

中でも特に女性の強みとなっているのが、「共感力」「親和力」「勤勉力」「繊細力」です。もちろんこれらには個人差もありますし、女性だけの能力ではありませんが、もし「これなら強みを発揮できそう」と思う力があったら、意識して伸ばしてみてください。

共感力で顧客の課題やニーズを掘り起こす

イギリスのケンブリッジ大学でかつて「共感指数（empathy quotient）」について実験をしたところ、女性のほうが男性よりも共感指数は高い、という結果が出たそうです。

営業で結果を出すには、「どれだけ顧客を理解し、適切な提案、解決ができるかどうか」が鍵となりますが、そのために必要なのがこの共感力です。

共感力があれば、お客さまの立場に立って物事を見ることができるので、お客さまの思いや要望を深く理解することができます。時には、お客さま自身が意識していない、隠された課題やニーズを探し当てて、提案することも可能です。

また、お客さまに共感して「お客さまの役に立つ存在になろう」という思いは、仕事のモチベーションを高く保つエネルギーとなります。

【営業女子の実例】共感を示すことで、顧客が本音を語り出した

あるトップセールスの営業女子は、顧客である大手企業の役員にプレゼンする機会をもらいました。警戒心が強いことで有名なその役員は、彼女の話を聞いていても、ずっと黙ったまま。そこで彼女はプレゼンの途中に、「以上の話は、御社の意図と合っていますでしょうか？」と相手が答えやすく、会話に参加しやすくなるような質問を投げかけてみました。

役員がプレゼンの内容について自然と意見や感想も差し挟みやすいように。彼女は役員の言葉をじっくり聞き、「おっしゃる通りです」「その通りだと思います」

と共感を示したのです。

このように質疑を差し挟みながらプレゼンを続けていくと、当初はほとんど口を開かなかった役員も次第にリラックスして本音を交えた話をするようになったのです。最後には「実は……これはまだ社内では公表していない内容なんだが」と、その提案内容に関わる、まだ社内でもオフレコの話を語り出したとか。これは、共感で伴走しながら顧客相手をも変えてしまった良い例です。その後、「ここまで弊社のことを理解してくれている彼女に依頼しないわけにはいかない」と、彼女に対してその役員から指名で発注がきたといいます。

親和力は特に新規開拓で強みを発揮する

女性は知らない人ともすぐにコミュニケーションを取ることが得意です。たとえばセミナーなどで大勢の知らない人が集まった空間でも、気がつけば女性たちは知らない人同士が親しげにおしゃべりを始めます。

営業部女子課の勉強会やイベントでは、一人で参加する方がほとんどですが、最初は「初めまして」と挨拶する程度でも、気がつけば司会者の声も届かないくらいに親しげにしゃべり始めています。一方、男性向けのセミナーでは、ほとんどは休憩時間は教室に誰もいなくなり、教室にいたとしても静かに黙っています。男性、女性で実に対照的な光景ですね。

このように、知らない人ともすぐに親しくなれる能力が親和力です。

当然営業活動において、親和力は大きなアドバンテージになります。

特に強みを発揮するのが、まさに「知らない人」に営業をしなくてはならない新規開拓の分野です。

実際、営業部女子課254人へのアンケートで「あなたの得意な営業シーンは?」という質問に対する目立った回答が、「新規開拓」でした。

初対面の顧客でも、警戒心をほぐして、笑顔でさらりと受容される雰囲気を創りだしてしまえる営業女子が多いんですね。

初対面の人とのコミュニケーションは、それなりのストレスがかかりますが、打ち解けて接してくれる人が相手だとリラックスできます。そして人間は、やはり感じのいい人、一緒にいて楽しい人の話を聞きたくなります。初対面の方とのコミュニケーションで女性は男性に比べるとずっと好感度が高いと、多くの現場で耳にします。「新規開拓」において、女性が持つ「親和力」というアドバンテージはしっかり生かしたいものです。

テレアポでは雑談と相づちで親しく

テレアポは相手の顔が見えない声だけのコミュニケーションですから、通常のコミュニケーションよりも難易度が上がります。

ここでも親和力が重要な役割を果たします。

私は多くの企業研修で顧客アポを取得するための「テレアポ研修」を提供してきました。そこで気づいたのは、アポ率の高い営業パーソンは、「顧客にダイレクトに商品やサービスの売り込みをせずに、雑談や相づちが多い」ということです。

アポ率の高い営業パーソンは、「先日は○○の機会を頂戴しましてありがとうございました。本日はそのお礼のお電話です」とご挨拶した後に、話を聞いてもらった感想を聞いたり、それに対して相づちや質問でリアクションをしたり、楽しげに会話を続けます。そして相手が十分和んできたところで、「そこでご提案なんですが……」と本題の提案をしています。

つまり、本題の前に親和力を発揮して、上手に雑談によって場を和ませ、信頼関係を築いていくのです。

逆にダメな営業パーソンは、「先日は○○をご提案しましたが、その後いかがでしたでしょうか?」と、すぐに本題に入ってしまいます。するとお客さまは反射的に「まだ検討していません」と断ってくることが多いのです。

お客さまが心を開かなければ、こちらの話を本気で聞いてくれませんし、本音も話してくれません。ましてや提案など受け入れてはもらえません。

まずは親和力で相手の心を開いてもらう。人によっては、和やかな雰囲気ができてから本題に入れれば、顧客へのアポ率は上がっていきます。

女性の真面目さを前面に見せよ

企業の人事の方と話をしていると、「女性は本当に真面目だ」というセリフを多く耳にします。そこで真面目に、誠実に、コツコツ物事に取り組む力を私は、「勤勉力」と名付けています。

毎年社内で表彰されているある営業女子は、「○○の資料も見てみたい」といったお客さまからの細かい要望も忘れずに、次回の訪問時にはきっちりと揃えて持参するなど、ちょっとした約束も忘れずにきっちり実行します。それだけでなく、「このような情報も○○様ならご関心があると思いまして」と、プラスαとなる情報のお土産も提示する周到さを見せて、お客さまを唸らせています。

担当する内容に関連することで、明確な答えがわからなかった場合は、すぐに調べて、次の機会に一生懸命説明する営業女子も多いですね。契約の細かい条件も覚えていて、「この場合ですと、税金の控除は受けられません。こちらのほうがお得かもしれません」などと、すぐに適切なアドバイスをする。

こういう営業女子は、「この人は信頼できるパートナーだ」とお客さまから信頼を寄せられます。

人口や市場が縮小する今、顧客の数を増やすのが限界であれば、1社または1人のお客さまに長くおつきあいをしていただける「農耕型」の関係構築が、大切になってきます。勤勉力は信頼を勝ち取るための重要な力となります。

繊細力は、営業女子そのものの存在価値をググッと高める

小さなことに気がついて対応する、気が利くという評判も女性に多くみられます。もちろん男性の中にも気が利く人はいますが、女性の場合、自然に気を利かせることができる人が多いというのが強みです。私はこの力を「繊細力」と呼ん

でいます。

旅行から帰ってきたばかりのお客さまには、「ハワイのビーチはいかがでしたか？」とさりげなく聞いてみたり、日頃からご家族の話を聞いていたら、「お孫さんの入学式、おめでとうございます」とメールの追伸欄にさりげなく書き添えてみる。そんなちょっとした気遣いは、相手の心を掴みます。

繊細力は顧客に対して好印象を与えるだけでなく、営業女子そのものの存在価値をググッと高めます。

たとえば、提案後に、見積書を提出する際にも、繊細力のある営業女子はいきなり相手を説得することはせずに、相談しながら進めていきます。繊細力を発揮した丁寧なヒアリングでお客さまの本音や懸念なども把握し、お客さまが納得する見積書を作る。時には、他社が気づいていないような、顧客の潜在的なニーズも顧客と伴走しながら聞き出すことができるため、提案プレゼンを有利に展開することができます。

繊細力はお客さまのかゆいところに手が届く対応ができ、かつ深いヒアリングが可能になる。だからこそ、受注率を高めていくことができるのです。

以上、多くの女性が得意とする力を生かした営業をするためのヒントです。

あなたが得意とする力があれば、ぜひそれを最大限に意識して行動してみてください。もちろん男性でこうした力を発揮したい方も参考にしてください。

「ヒアリング力＝聴く力」を磨く

1章でも紹介したように、いま効果のある営業手法としてお勧めするのが、「農耕型営業」です。

「農耕型営業」では顧客を深く理解し、顧客の持つ資源を耕しながら、ニーズの種を発見していきます。時にはニーズの種を創り出すこともあります。

時間はかかりますが、根本的な課題に迫ることで、着実に結果を出すことができる。だから長い期間、取引が可能になります。

これこそが、「農耕型営業」の真骨頂です。

農耕型営業を成功させる上で、一番の鍵となるのがヒアリング力。でも、これが簡単そうで難しい。

ヒアリングは、ただ顧客のお話を聞いてうなずいてさえいればよいわけではありません。じっくりと真剣に聴いて、気になる点があれば、「今のお話ってこういう事でしょうか?」と確認したり、「こんな対策をしたら状況は変わりますか」と突っ込んだ質問をするなど瞬時に応答する力が必要です。話を聴いて、レスポンスして、さらに深い話を引き出していくのです。

先ほど登場した「共感力」「親和力」「勤勉力」「繊細力」といった力が生きてくる場面もしばしばあります。

ヒアリングは、大きく分けて「聴く」と「質問する」に分けられるので、それぞれのポイントをまとめてみました。

【聴く】

・相手が話す内容に、先入観を持たないまま、じっと耳を傾ける。

・相手が話す内容を、その都度まとめて、「それは……ということで宜しいでしょうか？」などその要約を返してあげる。そうすることで、相手は「わかってくれている」という態度を示してくれる。

・時折、共感する相槌をしっかり打つ。「そうだったんですね」「それは大変でしたね」「さすが◯さんの行動力ですね」など。このバリエーションは豊富に持っておく。語彙力が豊富な営業女子は、「できるビジネスパーソン」に見てもらえる。

じっくりと真剣に聴いて、気になる点があれば「今のお話ってこういうことでしょうか？」と、確認をする。合っているか、間違っているかは、相手が答えてくれる。

・その場合、「いや～というか……」となれば、「……」以降が本当の内容なので、そこの真意をくみ取る。

【質問する】

・話の相づちとも重なりますが、「それってどうなったのですか？」「それからどう進まれたのですか？」と質問をして、会話を促進する。

・会話がぶつ切り状態にならないよう、直前に相手が話した内容に対して質問する。
・むやみやたらに「ちなみに……」と、話題を変えない。「ちなみに……」は、自分が話したい内容に切り替えるときに便利だが、「売りたい」気持ちから出てくる言葉であることを自覚しよう。じっくりすぎるほど、相手の話を引き出してから、「ところで御社は……」ならＯＫ。
・自分が考えていることを提示して確認してみる。「こんな対策をしたら状況は変わりますか？」と相手の反応を見てみる。
・「もし、御社に○○を導入すると、どのような影響を及ぼすと思われますか？」など、仮定を提案して、想像してもらう。

「農耕型営業」の「耕す」とは、主にヒアリングを進めることから始まります。顧客という土地を耕してみたらこんなネタが出てきた、別のところを耕してみたら予想外に真の課題を発見できた……など、ニーズは無限大に現れます。しかしここで、浅くしか耕せなかったり、地上に見えているものだけを追いかけてしまうと、顧客の本当のニーズは探すことができません。これではもったいない。

だからヒアリング力を磨くことは、成果に直結するのです。

ヒアリングは営業活動の心臓部分です。的確に聴きとることができれば、その後のプレゼンテーションでも、的を射た内容を提案することが可能になります。

ヒアリング力が身に付くとクリエイティブな提案ができる

ヒアリングによってお客さまの土壌を深く深く耕していくと、時にお客さまも意識していないようなさまざまなニーズが出てきます。AというニーズもあればBというニーズもあるかもしれません。ここにどんな価値を付加して、課題解決に持っていけるかが営業の腕の見せどころです。

つまり営業は、ゼロからイチを創り出すクリエイティブな仕事なのです。

たとえば「こことここを組み合わせたサービスを提案すれば、課題として出てきたAもBも一気に解決することができるのではないか」や、「本当に解決すべきなのはむしろこの課題で、その解決法の一つとして、あの資源をつなげられるのでは」と全方位で提案を考えるのです。

もしくは、経済の流れから、お客さまの3年後、5年後を予測して、「今から○○を準備しておけば、このような効果が生まれそうだ」と、あなたの会社が持つ専門情報を差し出していくのです。

何も難しく考える必要はありません。

「お客さまのためにどうしたらお役に立てるだろうか」「どうするとお客さまがよりハッピーな状態になるだろうか」という素直な視点に立つことで、さまざまなアイディアが浮かんでくるものです。女性は「ナンバー1になる」という競争的なモチベーションよりも「人の役に立ちたい」というモチベーションのほうが頑張れる方が多い傾向にあると実感しています。

こうした「人の役に立ちたい」という気持ちを強みとして、クリエイティブな提案力を鍛えていきましょう。

クロージング力を鍛えて、万全の営業女子を目指す

親和力や共感力によって新規開拓やヒアリングなどでは高いパフォーマンスを見せる営業女子ですが、一方で苦手とするのが最後の一歩、「クロージング」の部分です。

一生懸命お客さまの話を聞き、お客さまの課題を見つけ、良い提案を出したのにもかかわらず、最後の成約という着地点になかなか降りられず、うかうかしていたらライバル会社に契約を取られてしまった……といった経験のある営業女子もいらっしゃるかもしれません。

営業部女子課でアンケートを取ると「苦手とするスキル」でほぼ1位に上がってくるのがクロージングです。実際に、私も企業から営業女子のためのクロージング研修を依頼されることが多いです。

女性にとって「クロージング」が苦手な原因の一つとして、共感力が過度に働いてしまいお客さまの気持ちになりすぎてしまうことがあります。

営業の場面では、当然ながらお客さまからもいろいろと反論を頂きます。たとえば「でも、料金が高いよ」といった駆け引き的な要素を含んだ反論もあります。ここで営業女子の場合、共感力を発揮して「お客さまからしてみたら、確かに高いかもしれない」と遠慮が働いて納得していただくことを諦めてしまう……そんなケースが目立ちます。

しかし私たちが行っているのは、「仕事」です。サービスや商品を買っていただくのにも適切な落としどころがあるものです。お客さまのニーズを掘り起こして、お客さまにとって価値のある提案ができたのであれば、自信を持ってゴールに向けて進みましょう。

クロージングというと「プッシュすること」と思って、躊躇してしまう女性が多いのですが、プッシュするというよりは、「次の段階に進むための確認作業」と思えばいいと思います。こちらからの提案に対して、お客さまから「会社で検討します」と言われたらみなさんはどうされますか。「ではお返事をお待ちしています」とそのまま何もしないで帰っていませんか？

ここで、相手のいうことを鵜呑みにせず、もう一歩踏み込んでみてください。

「●○さんの本音の気持ちをうかがいたいのですが」「提案内容で何か気になることはありますか」「あえて挙げるとすると弊社の提案内容の欠点はどこでしょうか」と、踏み込んだ質問を投げかけてみるのです。

またお客さまに「検討します」と言わせないことも大事です。「検討します」と言われて、その先の成約につながったというケースは多くありません。

むしろ、上手な断り文句なのです。だから、その言葉を言われる前に「次はこれをお持ちしますね」と次回の打ち合せを決めてしまったり、「このほかに、それでも契約することに心配ごとはありますか」と、徹底的に先送りされそうなネタをつぶしてしまうことも大事です。

提案力とクロージング力を鍛えることができれば、もともとヒアリングに優れた営業女子は、「農耕型営業」で大幅な目標達成女子になるのも夢ではありません。

どう動いていいか。わからない時はタスクを書き出す

営業の仕事を始めたばかりの頃、私は何をどうすべきなのかわからず、途方に暮れることが多かったです。目標数値を課せられるものの、何をどうやって組み立てていいかわからない。数値を達成することなど、まったく想像できず不安で不安で仕方がありませんでした。

既存のお客さまとの関係をさらに深耕していく仕事、新規顧客の開拓、それぞれにやるべきことはたくさんあります。けれど、何から手をつけていいのかわからない……。

頑張りたいのだけど、どう動いていいのかわからないのです。

かつての私と同じようなことで悩んでいる人は、今すぐに「タスクを書き出し

ていく」作業に取りかかってみてください。つまり、A社とのアポイントを取る、B社に○○を提案する、C社の常務を紹介していただく……などです。

全部タスクを書き出したら、それらを一カ月、一週間、そして一日ごとに割り振っていきましょう。カレンダーや手帳、TODOリストにどんどん書き込んでいってもいいですね。

こうして一日にやるべきことがはっきりしたら、あとはそのタスクに忠実にロボットのようにこなしていく。これをきちんと実行したら必ず結果は出ます。

特に大切なのは、一日に「純粋にお客さまと折衝している時間」をどれだけ入れられるかです。将来の営業への「投資時間」を増やすことです。メールでもいい、電話でもいい、対面商談ならもっといい。相手にもよりますが、時にはウェブ会議も効率的。業界や会社にもよりますが、一日に3アポイントは必ず入れる、など自分のルールを決めて、あとはそれを愚直に守り行動していきましょう。

タスクを着実にこなして、トップセールスになった女性も

成果をきちんと出していく営業女子に共通しているのは、このように「目の前のやるべきことを着実にこなしていく」人たちです。

あるシングルマザーの女性は、「タスク書き出し方式」を、そのとおり実行しました。

小さな子供を育てながら、企業向けの生命保険の営業職に就職した彼女は、何をどうすればいいかわからず、なかなか結果を出せずに悩んでいました。

当然、手帳を開けば、真っ白。アポはゼロでした。

そこで彼女がしたことは、ひたすら「お客さまとのアポで手帳を埋め尽くす」こと。アポ以外にもお客さまへの電話やメール、電話営業、新規開拓など細かくタスクとして入れて、とにかく一日一日手帳が真っ黒になるようにしていきました。そしてそのとおり実行していったのです。

その結果、彼女は4年後にMDRT※という世界最高峰のレベルに到達できるほどになりました。彼女のすごいところは、背伸びしないでその時の自分にできることだけを徹底的に行ったことです。

まずは、タスクを書き出して、忠実に実行することから始めましょう。

一日のタスクのうち8割は緊急のことやルーティンなどの目の前の業務のこと、あと2割程度は未来につながることにするといいですね。

すぐに契約とは至らないけれども、来年や再来年くらいには顧客になっていただけたらいいな……と思うターゲットへの活動などにあてるのです。これをすることで、少し先の未来で自分はどうありたいのかを考えることにもつながります。なにより「夢」があると元気になり、仕事にも張り合いが生まれます。

（※）Million Dollar Round Table：世界70の国と地域の500社以上で活躍する5万人近くの会員を有する、生命保険と金融サービスの専門家による国際的かつ独立した組織。会員になれるのは生命保険の卓越した商品知識を持ち、厳しい倫理基準を満たし、優れた顧客サービスを提供している人のみ。

どうしても「やる気が起きない時」の対処法

仕事には波があり、どうにもやる気が起こらない時もあります。

たとえば朝礼で数字を詰められて、すっかりやる気がなくなってしまった時。おまけに雨も降っていて、どこも訪問したくない気分の時。周囲の受注報告や大きなプロジェクトを成功させたといった成功事例を聞いて、何だか自分だけが取り残されたような、孤独感にさいなまれる時……。やる気がない時は、無理してやる気を出す必要はないと、私は思います。

もしかすると上司は「気合が足りない」「緊張感が足りない」からモチベーションを高めなさいと言うかもしれませんが、それで解決するならとっくの昔にやっていています。

だから、そんな時は、「自分は落ち込んでいるんだな」と素直に受け入れることです。

無理に自分の気持ちを上げようとか、嫌なことを忘れようとしても、ネガティブな気分はそう簡単に消えません。だったら、今のままの自分を受け入れるほうがうんとラクになります。

けれど、そんな時こそ、やってほしいことがあります。とりあえず一つだけ、やることを決めて動くのです。

例えば、お客さまに一本だけ電話を入れてみる。でも無理をして、苦手なお客さまに会いに行く必要はありません。訪問するなら好きなお客さまのところを決めて訪問するのでいいのです。メール一本でもいい、電話一本でもいいのです。

そうやって一歩動いてみると、あれだけ落ち込んでいたのに、「案外私、大丈夫だな」と心が軽くなることもあります。たまたま訪問した先で、良い商談に展開できた、ということもあるかもしれません。

どんなにやる気がない時も、とにかく一つだけ動いてみる。これが営業の基本です。

営業ではさまざまなスキルが生かされる

事務能力も営業女子の強み？

営業というとコミュニケーション能力、自己管理力などが重視されますが、実はそれ以外にも多様な能力が生かすことができる仕事です。

たとえば、事務手続きができる力も、営業ではとても大きな強みとなります。

このことを私が認識したのは、金融系の企業で研修を行った時でした。

当時はＩＴによる業務効率化によって、事務職採用だった女性たちが営業職に異動になるプロジェクトが始まっていました。ずっと内勤で、社外と折衝した経験ゼロの彼女たちの大きな強みが、「契約などの事務手続きを熟知している」ということだったのです。

以前は営業担当が獲得してきた契約を、彼女たちが内部で手続きする仕事でした。それが直接、彼女たちが営業担当になったことで、まず契約の手続きが実にスムーズに進むようになりました。また、その都度的確な説明ができるので、大きなクレームにも発展しません。何よりもお客さまに対して懇切丁寧な案内や提案ができるため、お客さまからの反応がよかったのです。

従来は男性ばかりの営業担当だったところに登場して、明るく爽やかな笑顔で「これはこうなんですよ」と感じ良く説明する営業女子。金融系の商品や保険についての複雑な話をわかりやすく、ソフトに説明するので、受け手であるお客さまの反応もいい。彼女たちの評価は急上昇していきました。

これぞ、「かしこカワイイ」営業です。

また、事務が苦手な代理店の男性社員たちに向けて、契約でよく起こりがちな間違いや誤解などをポイントごとにまとめて研修会を開催し、大変感謝された営業女子もいました。

事務能力のように一見、営業とはあまり関係なさそうなスキルが、実は営業に生きてくる例ですね。

営業で生かせるスキル、能力、キャリアは多種多様です。みなさんの中にも、営業に生かし切れていない能力が眠っているはず。それを生かさないのはもったいないです。

ITを上手に使えば効率的・効果的な営業ができる

このところITの発達によって営業の業務は、かなり効率的になってきています。

お客さまとの契約となれば、タブレットを取り出して会社のシステムにアクセスし、その場で手続きができてしまうことも。

ウェブチャット機能を利用し、ウェブ会議で商談を行うケースもITベンチャー企業を中心に増えてきました。

私自身の感覚でも、たとえば以前なら月5回お目にかかって打ち合わせをして決めていたことが、今はお目にかかるのは3回、あとの2回はウェブ打ち合わせといった事例が増えています。

移動にかかる時間も減りますし、場合によっては、世界中どこからでも参加できるので大変便利です。

通常の営業にしても、必ずしも常に出向いて対面で話をする必要はありません。ちょっとした連絡なら電子メールが基本です。リアルタイムな連絡も場合によってはSNSを使うことも増えました。

「お客さまに会ってなんぼ」とは、たたき上げの営業マンが言いそうなセリフですが、「会う」方法が変わってきたともいえるでしょう。効率的な働き方が求められる中、営業でも要所要所は直接お客さまに対面しつつ、あとはウェブで20分程度話し合って終わり。こんなことがすぐにスタンダードになると思います。

ITを上手に利用することで、より効率的に働くことが可能になっているのです。これは、効率的に働きたい営業女子にとっては大きなメリットとなります。

電子メールやSNSでコミュニケーションを豊かに

ＩＴによって仕事を効率的に進められるようになっただけでなく、お客さまとのコミュニケーションをより多様に、より細やかに行っていくことも可能です。

たとえばお客さまの会社のリリースが出た、メディアでポジティブな形で取り上げられたといった時に、電子メールや場合によってはＳＮＳなどを使って「おめでとうございます」「興味深く拝読いたしました」と短いメッセージを送るだけでもお客さまにとっては嬉しいもの。

あるいは役立ちそうな業界のニュースやちょっとした社会的トレンドなどをレポートにまとめて定期的にメルマガのような形で配信し、コンタクトを増やすといったこともできます。

「最近はメールの事務的な連絡ですませて、実際に会うといったコミュニケーションが減っているのは困ったものだ」と、IT登場後の新しいビジネスのスタイルを苦々しく思っている方を時々お見かけします。

しかし、ポイントは「対面VS IT」ではなくて、電話や手紙なども含めたさまざまなコミュニケーション手段をいかに上手に組み合わせてお客さまと良い関係を築いていくかどうかです。

昔はとにかく顧客のところに足繁く通う「訪問数」勝負という営業が、主流でした。でも今は直接お会いするのは、相手の貴重な時間を奪いかねないという配慮が求められる時代。電話も同じです。

そこで些細な連絡であったり、あるいは文字で見たほうがわかりやすいことは、ファイルを電子メールで送って対応。日頃は、電子メールなどで近況報告を送って、緩やかな人間関係を継続しつつ、新規の提案といった「ここぞ！」というタイミングになったら、訪問する……というようにTPOや重要度に合わせて、最適なコミュニケーションを取ることが大事です。

しっかり結果を出している達成女子、特に数値目標を大きく超えて目標を達成している人たちを見ていると、顧客に対して細やかで丁寧なコミュニケーションを取り、顧客との接触を数多く取っています。

ある意味、営業の基本は昔とそれほど変わっていないのです。

ただ昔のように直接会いに行くのではなく、さまざまなコミュニケーションツールを上手に使って、接触頻度を上げているのです。ここぞという時には直筆の手紙を送るという営業女子もいます。電子メールなどでの連絡が当たり前になってきた昨今だからこそ、手書きの手紙が生きてくることもあるのですね。

お客さまも忙しいため、最近はお客さまと直接お会いできる回数は減る傾向にあります。そのような環境変化の中、どのようにお客さまとのコンタクトを効率かつ効果的に組み立てていくか、そこが今の時代の営業に求められていることではないでしょうか。

仕事のできる営業は、やみくもに訪問しません。

営業の常識が大きく変わりつつあるのです。

契約が取れないのは、能力や根性が足りないからではない

営業をしていると、基本的には断られることのほうが多いですね。新規開拓ともなるとさらにその確率が高まります。テレアポも門前払いにされることがほとんど。断られ続けていると気持ちがくじけてしまいそうになります。

やっぱり私は営業には向いていないのではないだろうか……。

実は私も営業を始めた当初はそうでした。

契約が取れないのは、「根性が足りない」「やる気が足りない」からだと、自らを叱咤しつつも、なかなか思うような結果を出すことができず、深くため息をつき悩む日々が続きました。

しかし、契約が取れない理由はそういう問題ではないのです。もちろんやる気

や意欲は大事ですが、それだけではありません。根性論だけでは結果は出せません。

「営業は千三つ」という言葉が存在するのをご存じでしょうか。

1000回当たって3件成約すれば上出来だということです。実際の営業活動に当てはめると、少々大げさかもしれませんが、つまりやる気以上に確率の問題なんですね。

どんなにやる気があっても、そもそもバッターボックスに立つ回数が少なければヒットも打てません。断られるのは根性ややる気が足りないからでもなければ、性格的に向いていないからでもないのです。

だから「やる気」「根性」という言葉は忘れましょう。

契約を取りにいくためには、数多くトライしないことには始まりません。特に、新人や若手など土台を作る時期には、量もこなすことが肝要です。やみくもに回るのではなく、訪問前に、仮説を立ててそれを投げかけることで、効率的かつ効果的に商談が進みます。

スルーする力を身に付け、淡々と仕事する

営業する時、大事なのは断られても一喜一憂しないこと。行動すればするほど、多くの壁にも出合うものです。そんな時、生きてくるのが「スルーする力」です。最初のうちは落ち込むでしょうが、できるだけ自分の気持ちを受け流すようにしてみてください。いつのまにかスルーする力が身に付き、淡々と仕事ができるようになっていきます。

営業は断られることが圧倒的に多い仕事ですから、「そういうものなんだ」と素直に受け流すことも大事です。

相手側もべつにこちらに悪意があるわけではなく、たまたまそのニーズがなかっただけ。そう割り切って、「ダメなら、はい次」という感じで淡々と進めていく。こういう仕事のフォームができればしめたものです。

感情と仕事を切り離して、ただやるべきことを行う。決めたあとは、計画した

内容をロボットのようにこなしていくことも時には大事です。

ロボットのようにとはいっても、無表情に棒読みでお客さまと話してよいわけではありません。話す内容はスクリプトを作って、話し方もきちんと練習してから行いましょう。

きちんと準備された営業トークができているのなら、あとは門前払いでも、「確率的にそういうものなのだ」とスルーして、どんどん先に進んでいけばいいのです。

時には、契約には結びつかなくても興味深い情報をくださる方もいます。そういう時は「得した！」と思って、また次に飛び込み営業をしていきましょう。

こうして進めていくと、結果を出せる確率は増えてきます。

このほか、正当ではないクレームで感情的に怒鳴ったりするお客さまと遭遇するようなこともあります。これもまた確率の問題ではあるのですが、嫌な気分になりますよね。

営業部女子課のメンバーの一人はこういう理不尽な状況に陥ったときは、少し離れた所からカメラで見るように自分自身を俯瞰して想像するといいます。そうすると、怒鳴り散らすお客さまも、明らかに理不尽な状況にいる自分もなんだか面白く見えてくるのだとか。

ちなみに「スルーする力」は社内の人間関係であったり、さらにはプライベートでも役に立ちます。当事者意識では腹立たしいことも、第三者の立場からレンズをのぞくように、ちょっと視点をずらすと面白く見えてくる。そんな力を身に付けると、仕事も（そしてプライベートも）ストレスが減り、楽しいことが増えていきます。

さまざまなキャリアを積めるのが営業職の魅力

なお、契約が取れなかったとしても「成果ゼロ」と失望することはありません。先方の会社に行ってお客さまと話をする経験を積み上げることができるからです。

出向くのは大手企業もあれば中小企業、あるいは個人のお客さまのところもあるでしょう。さまざまな人と出会えるということが大きな経験となります。先方の会社の文化や、仕事をしている方たちの働く意識にも触れることがあるでしょう。

契約の可否にかかわらず、こうした経験をしっかり吸収していくのが、「かしこカワイイ」営業の極意です。

担当者との話を通して「この人はこんな問題意識を持っているのか」「こんなことに困っていらっしゃるんだ」と新しい発見が生まれれば、営業としては得るものが多いですね。

提案内容がどんな点で採用できないのかを率直に語ってくださる方もいます。時にはライバル会社がどんなことをしているかといった貴重な情報も入ってきます。

契約が取れないからといって落ち込んでいてはいけません。個別の会社の担当者が何を基準にして発注しているのかといったこともわかり、必要なコンテンツがだんだん見えてくる。結局現場でのマーケティングが一番貴重なんです。たとえ成約できなくても、今後に繋がるリサーチを進めること。

それがあとで大きな成果を生み出すことにもなるのですから。

アポイントを取るには「お土産」が必要

営業活動のスタートラインは、「アポ」を取ることから始まります。新規開拓を担当する人ならたくさん断られてしまうかもしれませんが、これは前述のように確率的に仕方がありません。

では、どうすればアポが取れるのでしょうか？

面会を申し込む時に「とにかく一度お会いしたい」「新しいビジネスを始めましたので、ご挨拶にうかがいたい」といったメッセージを発していないでしょうか？

これではアポイントは取れません。なぜなら、相手は明らかに自分より忙しいわけで、そこによく知らない人から勝手に「ご挨拶に……」と言われても「私はそんなに暇じゃないよ」と断ってしまいたくなるのが通常だからです。

アポイントを取るためには、相手が何かしらメリットを感じる「お土産」が必要になります。

たとえば「うちのシステムは御社の顧客サービスでこのように使っていただくと、こんな価値が出ると思いますのでご説明にうかがわせてください」と相手にとって具体的なメリットのある情報を提供すると、「とりあえず話を聞いてみようか」という気持ちになっていただける可能性が高くなります。

単に自社の紹介をするのではなく、自社の事業が相手の会社あるいは相手にとって、どのようなメリットがあるか、どのような価値をもたらすことができるのかといった話（お土産）を用意しましょう。そのためには、事前のお客さまに関する情報収集が大事です。

「新しく始められたこの事業のこの部分でお役に立てます」など、仮説設定を通じて具体的に話を展開できるようにしましょう。

結果が出なくても「続ける」人が最後に勝つ

目標にこだわり、達成女子を目指すといっても、新人や営業の仕事を始めて3年以内の若手営業女子の場合、思うような結果が出ずに苦労することも多いでしょう。扱う商品やサービスについての知識、そして経験もベテランの営業にはかないません。「どうやったら結果が出せるのかわからない」と悶々と悩んでいる方は、「できることを探し、集中し、続ける」ことをしてみてはいかがでしょうか。

知識や経験が不足なら、その他のことで営業女子としての付加価値を高めましょう。たとえば若手は「フレッシュな感じの良さ」がセールスポイントです。

・誰よりも元気に挨拶する。
・感謝の気持ちを言葉できちんと表す。
・フットワークの軽さでは誰にも負けないようにする。
・誰に対しても「やります」と笑顔で引き受ける。

など、若いからこそできることは無限にあります。結果が出ないからといって投げやりにならず、できることに集中してみてください。

【営業女子の実例】
20代の営業女子が10社以上の競合の中で「勝てる」ワケ

営業部女子課のメンバーに製薬会社に勤務する20代の営業女子がいます。

いわゆるMR（医薬情報担当者）で、営業先は病院のドクター。医薬情報を提供しつつ自社の医薬品を提案するのが仕事です。実は彼女、営業先でとても評価されているのです。

ライバル会社の営業は40代、50代のベテランの男性MRばかり、知識や経験では太刀打ちできません。

ではなぜ勝てるのか？　彼女は、担当するドクターが困っていること、解決すべき課題はないかと考えたのです。

その結果、ドクターと他の医療スタッフの連携があまりうまくいっていないことを発見。医療現場ではドクターだけでなく、薬剤師や看護師といった多くの医療スタッフがチームで連携を取って働いています。しかし業務が多忙なドクターは、なかなか主体的にスタッフとの連携が取れていない状況があったのです。

毎日のように病院を訪問している自分にできることは何かと彼女は考え、ドクターが医療スタッフたちに期待していることを聞き、それが実現できるように各スタッフにもこまめに情報提供を続けました。

その結果、お客さまであるドクターに喜んでもらえたのはもちろんですが、「ドクターの考えがわかり、仕事がとてもやりやすくなった」と医療スタッフたちからも喜ばれ、医療チーム全体から信頼されるようになりました。

そのおかげで、やがて医療スタッフからドクターの処方状況、競合他社の動きといった院内の裏情報も教えてもらえるようになったのです。

「常に笑顔で」という手書きカードを携帯している

ちなみに、彼女はお客さまにお会いした時、気分の良い状態でいていただきたいと、常に笑顔を心がけているそうです。

ライバルは平均10社以上。だからこそ、良い印象を持っていただくことが大事だと考え、そこで、「常に笑顔で」と書いたカードをいつも携帯しているのだとか。時々カードを取り出して見ては、「笑顔で頑張らないと」と自分自身を鼓舞しているそうです。

若手の営業女子の場合は、こうした一生懸命さが大きな強みとなります。ひたむきに頑張っている姿は、必ず相手に伝わります。それが信頼となり、成約に繋がることも多いのです。

知識や経験が足りないのであれば、今できることで頑張る（もちろん、同時に専門知識を身に付けていくことも大事です）。

自分にできること、得意なことは確実に行うように努力していきましょう。

効果絶大だった朝1時間の新規開拓テレアポ

やらなければならないけれど、なかなか取りかかれない仕事というのがありますよね。その代表が新規開拓の営業ではないでしょうか。

新規開拓は一人一人の社員の裁量に任せて、「好きな時に」「都合のよい時に」行うという会社が多いんです。飛び込みで訪問しても、電話でもいいから都合のいい時にやりなさいと。しかし好きな時にと言われれば言われるほど社員は動けないものです。特に若手はルーティンもたくさんありますから、いつやるべきかきっかけも掴めない。

「空いている時間にやりなさい」と言われても、まず行いません。

そこでお勧めしたいのが、「新規開拓は時間を決めて集中的に行うこと」です。実際に、ある金融関連企業では、「朝の1時間はテレアポ集中タイム」ということをルール化しました。

朝ではなくて午後5時〜6時に実施した企業もありました。どの会社も、このテレアポ集中タイムの1時間はマネージャーが監督役となり、全員がひたすら「電話をかけてアポを取ること」だけに特化したのです。

これは研修の際によく実施することですが、比較的どこの会社でも好評で、研修後にさまざまな会社で習慣として定着していきました。「集中テレアポ」が定着し、営業担当が周囲に恥をかくことなく集中できるよう、営業部内に「テレアポブース」を設けてしまった会社もありました。

ある会社では、この習慣により新規顧客数が１５０％も伸びたとのことです。

苦手な仕事は、時間を定めてこなすとうまくいく

取り組もうとしても、結局三日坊主で終わってしまうことには、習慣化するための仕組みが必要です。後回しにしがちだけれど、重要な活動は、時間を決めて集中して行うと決め、あとは実行するだけ。

一人で決めて行ってもいいですが、このような億劫な営業は、チームみなで一斉に行うほうが、結束力も強まり、集中力も高くなります。気持ちもみな一緒なので、折れません。何事も20日続ければ習慣化する、という言葉もあるように、決めたらあとは淡々と続ければそれが当たり前になります。

なお「集中テレアポ」を行う時は、顧客リストを見て片っ端からかけるのでは

なくて、顧客に合わせた仮説を自分なりに立ててからアプローチすることです。誰にでも当てはまるトークだと、簡単にお客さまは見破ります。仮説を立てることは、時間もかかりますが、精度の高い開拓となり、結果、アポも質の高いものになり得ます。

新規開拓はテンションが上がらなくてなかなか取りかかれないという人、新規開拓が苦手な後輩たちをどう指導しようか悩んでいたという人はぜひ、この方法を試してみてください。

プレゼンテーションは、まず目的を明確にする

営業女子が伸ばしたいスキルの一つに「プレゼンテーション」があります。一生懸命、商品説明や提案をやってはみるものの、なんだかインパクトに欠ける結果になってしまった……といった悩みをよく耳にします。せっかく素晴らしい提案を考え出しても、それが伝わらなくてはお客さまは動きません。

先日、内閣府のシンポジウムで営業部女子課の活動についてスピーチをすることになり、スピーチコンサルタントの矢野香さんにトレーニングをお願いしました。

これまでも人前で話す機会は多く、自己流でスピーチをしてきましたが、プロの指摘には目から鱗が落ちることが多く、劇的にスピーチも良くなったのです。

そこで、私が矢野さんに教わったプレゼンテーションのやり方のポイントを紹介しましょう。

まず、プレゼンテーションを準備する際にやらなければならないことは次の二点です。

1．目的を明確にすること。

2．プレゼンのメインメッセージをキャッチコピーにする。

当たり前のことのようですが、実はできていない場合が多いのです。

プレゼンテーションでは、あれもこれもと欲張って、もれなく伝えようとした結果、話のポイントがぼやけてしまいがちです。

たとえば、取引先へのプレゼンなら、目的は売りたい商品やサービスを知ってもらうことでしょうか。さらに買う必要がないと思っている人を説得して、買う気にさせるように行動変容を促すことも重要な目的となります。

つまり「何を売るため」「どのように相手を説得し」「買ってもらうか」という目的に即した内容にしなくてはなりません。余計な部分はそぎ落として、目的部分をはっきり伝えるような原稿を準備するのです。

次に「メインメッセージ」ですが、これも多くの人はタイトルと混同していま す。

たとえば「新商品のご提案」は、メインメッセージではなくタイトルです。「新商品で20パーセントの経費削減が実現」。これがメインメッセージです。

つまり聞き手の心を最も揺り動かして、こちらの目的とする行動につながるような言葉。これがキャッチコピーです。自分が伝えたいメインメッセージは何か。

なお、メッセージはだらだら長いと、聞き手に伝わりにくくなります。13文字が矢野さんが提唱している「ＮＨＫ式」のルール。矢野さんからは、長くても20字以内を目指して考えるべきだとも教わりました。

また、メインメッセージはプレゼン中で何度も繰り返すのがコツだとか。そうすることで聞き手の記憶に残るからです。

矢野さん曰く、プレゼンテーションをする時の話し方や顔の表情も大事だとか。スピーチの練習をビデオで撮影して見て、声の調子や大きさ、話すスピード、そして顔の表情などをチェックすることが肝要だそうです。場数を踏む中で、経験値が上がればスキルも上達していきます。やはりここも、コツコツとした練習ありきです。

実は、矢野さんからのトレーニング中に、営業部女子課のスローガン「営業女子１００万人で輝く社会を！」も生まれました。まさに、メインメッセージを創り上げ、それをスピーチ中も何度も繰り返すことで、多くのみなさまに覚えていただけるようになりました。

お客さまとの長いおつきあいでは「嫌われる勇気」も必要

親和力、共感力に優れた営業女子の場合、ヒアリングは得意なのですが、一方でお客さまと意見や主張を交換するディスカッションは苦手な傾向があったりもします。

たとえば、商品やサービスの説明、あるいは提案内容についてのお客さまからの意見に対して「ここで反論しては生意気に思われるかもしれない」と感じて、しっかりと反論できなかったりと、自分の考えをきちんと説明するのが苦手だという若手営業女子は意外と多いです。

「生意気なことを言って相手に嫌われたくない」という気持ちが働いてしまう。

私自身も、嫌われたくないという気持ちから率直な意見が言えなかった時期がありました。社外に限らず、社内の会議等においても、自分より年上の百戦錬磨な経営者の会議で、主張したくても、「もし気分を害されたらどうしよう」「私の言う内容なんて、それ違うでしょ、と却下されたらどうしよう」と不安ばかりが重くのしかかり、結局何も発言できず……という失敗をたくさん重ねてきました。

しかし、海外では、「発言しない人は死んだ人と同じだ」と非常に低い評価をされてしまいます。これからの時代、論拠のある意見をどんどん発言することが求められています。

ところが自分の考えをきちんと主張する時に「ブレーキ」となってしまうのが「嫌われたくない」という気持ちなのです。

そこでシンプルなアドバイスです。

「嫌われるのを恐れる」ことをやめてみませんか？

長期的にお客さまと良いパートナーシップを築いていくためには、嫌われる可能性があったとしても、「どうすれば双方納得のいく成果になるか」を考えて進むことのほうが重要です。

異なる意見や考えを出して議論することによって、新しい風が吹くこともあります。お客さまのニーズがさらに掘り起こされたり、あるいはお客さまにとって最良のソリューションが、議論をきっかけに生み出されることも多いのです。

お客さまと意見が対立するときは実は、大きなチャンスかもしれないのです。

だからここでは、自分の意見をきちんと伝えることが大切です。

お客さまが見落としているかもしれない点を指摘する。日頃、生活者として感じている課題などを情報提供することで、「そういう可能性もあったのか」とお客さまが新しいビジネスチャンスを見つけ出してくれるかもしれません。

むしろ、営業では「新しい視点、可能性を示す」ことが多様な価値を生み出し、お客さまも会社もあなたもハッピーになれるはずです。

なお、異なる意見を言うということは、お客さまに「逆らう」ことではありません。それは議論であって喧嘩ではありません。ただ、女性は議論に慣れていないこともあって、議論となると「対立」のように身構えてしまうこともあり、それに輪をかけて「嫌われたくない」という感情も生まれて、手を挙げて自分の意見が言えないということになりがちです。

男性はポジションが上がるにつれて会議に参加し、意見を発表する機会が多いため議論することも多いでしょう。

営業女子も議論そのものに慣れるためにも、まずは機会を作って挑戦してみましょう。

「会社から与えられた目標数字」にモチベーションが上がらない時の対処法

もちろん、お客さまに異なる意見を伝える、「上手な伝え方」はあります。お客さまをわざわざ不快な気持ちにさせることはありません。営業女子ならそこは上手に回避できるはずです。

相手の話はきちんと受け止めて共感を示しつつ、「さらに、こういう考え方もあるのではないでしょうか」と自分の意見を示して、「いろいろな考え方があるかとは思いますが」といった相手を否定しない言葉で締める。こうした、提案内容をあえてポジティブな内容の中に挟む「サンドイッチ話法」も効果があります。

営業部女子課にはさまざまな悩みが寄せられます。その中でも多いのが、「会社からの目標を達成するのが難しく、モチベーションもまったく上がりません」というもの。このような切羽詰まった声の相談が数多く寄せられます。

会社から提示される高い目標に大きなプレッシャーを感じ、どのようにして達成させればいいか皆目見当がつかない。気持ちは焦るけれど、意欲は上がらず途方に暮れた状態です。

「今月は100人の契約を」「今月は1000万売れ」といった会社から下りてくる数値目標に従い、それを目指していると、自分が何のために働いているのかわからなくなっていく危険性があります。当然、士気は下がるばかりです。

私もかつて悩んだ経験があります。目標を達成できないとその分の数字が翌月に持ち越され、達成したらしたで、今度は天文学的な数字が課せられるようになる。そして終わらないレースにため息ばかり。いつになったら、この戦いは終わるのだろう、と。

そんな時に有効な対処法は一つ。与えられた数値目標を「自分の言葉」に置き換えるのです。自分にとって、モチベーションを上げたり、やりがいを感じる目標に変換してしまうのです。

たとえば「売り上げ1億円」という目標に対して、「この商品を広めて、多くの人をハッピーにしたい」「このサービスを広めることで街全体を活性化できたら」という自分なりのビジョンに置き換えてみる。その上で、「そのためには毎日〇人のお客さまにこの話を広げよう」と、大きな夢を描いたあとは、ディテールを詰めていけばいいのです。

また、自分で作った目標を口にしたり、自ら紙に書いて手帳に挟んでおくのも効果的です。自分が宣言したものは受け入れやすくなるそうです。「宣言効果」によって内的動機が湧き起こって、やる気につながります。

【営業女子の失敗実例】

数字は大事。でも数字ファーストでは顧客の心は動かない

達成女子は、会社から出された目標をクリアすることを目指します。

数字は大事です。でも、営業をする時には「数字ファースト」で考えると当事者意識も持てません。「数値目標に向けて、ひたすら売り込み……」というのは狩猟型の典型的営業スタイルですが、「数字」にとらわれすぎると、農耕型営業の大事なポイントである「お客さまとじっくりコミュニケーションをする」ことに向き合えなくなることもあります。

「今月1億売らなくてはいけない」と数値目標ファーストになると、お客さまの顔がみんなお金、札束に見えてきてしまいます。これでは本末転倒です。

実は私にも営業を始めたばかりの頃にそんな恥ずかしい失敗経験がありました。あと一つ契約が取れれば目標達成という時に、「○○さんから、今月契約をいただけると、私、目標を達成できるんです。お願いします」と言ってしまったことが

あるのです。

お客さまからは、「べつに君の成果のためにこちらはやっているわけではないから」という厳しいひと言が返ってきました。もちろん契約はしていただけませんでした。

この時「それはそうだ」と深く反省しました。そして自分を深く恥じました。今から思えばとんでもない話です。

ここまであからさまなことはしないにしても、「数値目標」が最初にあると、どうしても「自分至上主義」の営業になりがちです。そして、お客さまはそんな営業パーソンの態度を敏感に感じ取るものです。

そんな時、実際数値ファーストの考えから解放されると、お客さまに会いに行くのが楽しくなります。

「今日はどんなご提案をしようか。お客さまはどんなことをおっしゃるだろうか」と行く前からワクワクする。仕事を楽しもうとする意思で訪問すればお客さまにもそれは伝わります。

営業部によっては社員同士、営業成績を競わせて1番となった社員に報償を出すといったところもあるでしょう。もちろんこれも動機付けには必要なことでしょうが、競争だけではモチベーションが維持できないと私は思っています。会社から下された数値目標などは、自分の言葉で置き換えましょう。モチベーションが高まる目標がいいですね。

「この事業を応援してくれる人たちが大勢集まれば、この地域全体がハッピーになる。そのために私は頑張る！」となると元気が出てきます。私たちが行っていることはビジネスなのですから、商品やサービスを通じてお客さまにハッピーになっていただくということです。

そして、自分で決めたことならば、あとはぶれずにやり続けましょう。きっと結果が出てきます。

第3章
活躍する営業女子を増やしたい！ 営業部女子課のチャレンジ

私が営業部女子課を立ち上げた理由

営業部女子課を立ち上げたのは２００９年のことです。

多くの方になぜこうしたコミュニティを作ったのかと質問されますが、その理由は、「営業女子が働き続けるにはサポートが必要」だったからです。

営業という仕事の面白さ、奥深さそして可能性を実感していた私は、チャンスに溢れた営業職に多くの女性がチャレンジして、活躍してほしいと思っていました。

しかし……。

企業が女性を積極的に営業に活用を始めて10年以上が経ちますが、女性営業の数はあまり増えていません。営業職の女性従事者の人数は約53万人、営業職の人口自体もここ10年は横ばい傾向にあります。

女子の活躍支援が始まったのに営業女子が増えないのは、つまりせっかく営業職に就いても長く続けにくい状況があるということです。

具体的には以下の3つの理由があります。

現役の営業女子として働いている方なら、誰もが大きくうなずかれることでしょう。

男性ばかりの営業部で孤立する営業女子を救いたかった

営業職の女性への活躍支援が始まったとはいえ、実際に営業所へ戻ると女性は一人か二人といった孤立無援の状態が多いのです。しかも営業の現場においても、「女性には務まらない」という無意識の偏見が残っていたり、また地方によってはお客さまから反発をいただく場所もあるようです。

営業女子が直面してきた「孤立無援感」がどんな感じなのか、少し具体的に説明しましょう。

営業部内、チーム内で紅一点といった場合、スキル的な相談は上司にできますが、気軽に悩みや愚痴を話せる女性の同僚や先輩もいません。外回りに行く時にどういう服を着ていくべきかなどを相談できる女性もいないのです。男性に合わせれば黒や紺のスーツになりますが、スカートなのか、それともパンツが良いのか。男性上司に「もう少し女性らしい格好をしたほうがいい」と言われてもどんな格好が適切なのかがわかりません。

また、些細なことですが意外に切実なのがトイレ問題です。男性と一緒に営業に回る時に、多くの女性のストレスとなっています。何カ所も営業で回らないといけない時、男性上司に「トイレに行きたい」とは気軽に言えない人もいます。喫茶店などトイレに行きやすいところで休憩を取ったり、移動時にトイレに行けるようにするといった気配りができる男性上司がいてくれて有り難かったという営業女子もいました。

昼食時にトイレに行こうと思っていたら、庶民的な定食屋さんでトイレがなかったなどということも。ついには膀胱炎になってしまった……という、笑うに笑えない話も実際聞くことなのです。

そして、職場にロールモデルとなる存在がいないことも、女性たちを不安にします。今後、営業女子としてどのような経験を積み、どのようにしてキャリアを築いていけばいいのか。ましてや、出産後に営業職として復職した事例は過去に皆無。参考になるよいお手本が見つからないのです。

もちろん、世の中には営業で活躍し、大きな成功を収めている女性たちも存在します。ただし、彼女たちは男性以上にパワフルに働くスーパーウーマンであることも。誰もがお手本にできる相手ではありません。

「結婚して、出産をしても営業職で働いていけるのだろうか……」といった不安に対して適切なアドバイスをくれる人もいないため、途中でキャリアを諦めてしまう女性も少なくありません。

長時間労働、根性主義のワークスタイルを変えたかった

営業職に女性を登用するようになったものの、企業側も初の試みであることが多く、どのように女性を営業職として育てていくかというノウハウが過去にありませんでした。

多様な働き方や営業手法が確立されないと女性が定着しないということは理解して、いろいろ変えようと試みている企業もあるのですが、現状はなかなか変えられない。頭でわかっていても、前例もなく、模索中である企業は多く存在します。

その結果、営業職に配属される女性は昔ながらの根性主義の営業を踏襲することになります。

周りにいる男性の同僚たちを真似して同じように働くしかありません。

「オス化しないと生き残れません」というある営業女子の言葉に衝撃を受けたこ

とがありますが、彼女は契約が取れるまでひたすら顧客を回り、会社に戻ってから夜遅くまで日報や資料作りに追われる毎日を送っていました。

営業会議は外回りから部員が戻ってきた夜の6時~10時頃に開催、という会社もいまだに少なくありません。会議の時間も長い。管理職に育児中の女性がいなかったりするため、旧来の営業スタイルを続けざるを得ない状況なのです。

結局、営業職に就いたもののハードな労働環境についていけず、辞めてしまう女性が多いのです。なんとか3年くらいは頑張ってついていっても、そのあたりで限界がきてしまう「バーンアウト症候群」の女性も多い。

社内会議の資料作りのため、課長たちは土日に出社する。そういう状況を見て、営業女子たちは将来に絶望してしまいます。「私は結婚も出産もしたいのですが、今の職場では無理です」「私はこんなふうには頑張れない。滅私奉公はできない」と、キャリアを諦めてしまうのです。

出産で大多数が退職、異動という現状を変えたかった

営業職として頑張り、それなりに成果も出してきた女性でも、ほとんどの場合、妊娠出産を機に内勤に異動したり、あるいは退職して営業職としてのキャリアを諦めてしまいます。

企業の営業部や人事も、企業によっては「営業の仕事は子育て中の女性には大変すぎる」と悪気なく考えて、妊娠→内勤へ異動というのをごく当然のように行っているのです。もちろん、積極的に営業ママを応援する企業もありますが、まだ少数派です。

また実際に、出産後は長時間労働はできなくなります。夜開かれる営業会議に

は参加できませんし、朝8時台に開かれる早朝ミーティングも保育園へ子供を送っていくお母さんは間に合いません。営業部で働き続けるには時短勤務ができる、在宅勤務や直行直帰が可能といった制度や、あるいは急な早退などでも周囲がフォローしてくれるといったサポート体制も必要となります。

多くの企業では、妊娠・出産・子育て中の女性社員への制度は十分に備わっているものの、本当に現場で活かせる文化、サポート体制が十分に整っていません。中でも外回りが多く、数値責任もあり、お客さまの都合で勤務時間も不規則になりがちな営業では、子育て中の女性が仕事を続けにくい状況にあるのは確かです。

私の肌感覚として、営業職の世界では第一子出産時もしくは、第一子出産前までに内勤職に異動するかもしくは退職する女性が9割を超えています。それくらい、我が国ではスーパーウーマンを除き、「営業職」で「ワーキングマザー」の存在は貴重なのです。しかも、ハイパフォーマーの営業女子から辞めていく……。

このように営業女子が長期にわたって働き続けられないのは、その個人の意識の問題（出産したら営業は続けられない、という思い込み）もありますが、周囲の環境の問題も大きいことは明らかです。

2009年当時、私は女性の営業職向けの研修や営業支援事業を行い、さまざまな企業の営業部に行くことがありました。たいていの場合、営業部で働く女性は一人か二人。先ほどの孤立無援ともいうべき状態の営業女子の姿をあちらこちらの会社で見つけて、彼女たちの声をきくたび、不憫な気持ちになりました。

「営業の仕事は楽しいのですが、残業ばかり。こんな長時間労働では、もうあと1年ももちません」「仕事は楽しいけれど勤務時間が長く、ここにいたら結婚はできません」「顧客中心に仕事が回るので休暇が取りにくい。根性主義で体力ももたず、出産したら続けられないと思います」と営業部で出会う女性たちは、みんな疲れ切った表情で語りました。

誰もが営業の仕事自体にはやりがいを感じ、中には部内でも優秀なハイパフォーマーもいます。そんな女性たちが、「続けられない」という。

彼女たちが、せっかく築いてきたキャリアを捨てるのは大変もったいない話ですが、同時に優秀な人材を活用できないということは会社や社会にとっても損失です。

「なんとか営業女子を救うことはできないだろうか……」。そんな気持ちが私の中にふつふつと湧いてきました。

「目の前にいる営業女子をとにかく助けたい！」。そんな使命感から、無我夢中で「営業部女子課」を立ち上げたのです。

「営業女子が横につながれる場」を創りはじめ、わかったことがあります。

営業女子の抱えている問題点を大きく分けると、前述の彼女たちが孤立していること、長時間労働かつ根性主義というハードなワークスタイル、そして出産を機としたキャリアの断絶、これら3つです。どれも職場がからむ問題ですから、すっきり解決することはできません。

しかし、私も育児をしながら営業職を続けてきた一人。この経験から、彼女たちが抱えている問題や、社会に潜む課題を少しは解決できると信じて、活動をスタートしたのです。

営業部女子課の当初のメンバーはわずか5名。

今でこそ営業部女子課では、達成女子になるためのスキル講座やキャリア開発講座を開いていますが、設立当初は集まって、「不安を聞き合う」「お互いに相談をし合う」といったことが主な活動内容でした。

「仕事がものすごく辛い」と泣き言を言うメンバーに他の女性たちが「なぜ？」「何があったの」と次々と事情を聞いてくれる。自分の悩みをわかってもらえたというだけでも、女性は気持ちが楽になります。

さらに営業職に就いている仲間のアドバイスは、とても現実的で具体的です。「こうしてみたら？」というアドバイスを聞くうちに、状況を好転させる方法が見えてくることもよくありました。

「結果がうまく出ない」時も、営業女子同士でノウハウをシェアすることで突破口が見えてくることもあります。

社内にロールモデルとなる女性の営業の先輩や同僚がいないのなら、他の会社の営業女子たちを参考にすればいい。そして女性は、仲間ができると一人の時の何倍もパワーアップするのです。

評判を聞きつけ、メンバーは一人また一人と増えていきました。主に女性たちの口コミやSNSのコメントを通じて、営業部女子課のことを知った人たちです。また、私の会社が提供していた企業研修から参加してくれた女性もいましたし、私の著書を通じて営業部女子課を知ってもらった、という方も大勢います。

さらに嬉しいことに、営業部女子課に参加して、「営業職でやっぱり良かった」「将来への不安はみな同じだと安心した」「営業職を辞めるのを止めた」という有り難い行動に繋がり、中にはプライベートで一緒に旅行に行くなど親交を深める人たちが続出したのです。

営業が辛くて辞めたくて辞表を出したところ、「営業部女子課という会に行ってこい」と上司に言われて、おろおろと参加してきた女性もいました。彼女は暗い表情で「辞める気満々」の雰囲気だったのですが、メンバーたちに相談し、アドバイスを受けていくうちに、表情はどんどん明るくなって、「もうちょっと営業を続けてみます」と宣言しました。そして彼女はなんと1年後には、部内でトップを取る辣腕営業ウーマンに成長していたのです。

営業女子同士でサポートするコミュニティの必要性

当初は手探り状態で、孤立する営業女子たちのネットワークから始まった営業部女子課ですが、今では大きく6つの活動を行っています。いずれも、営業女子同士が会社を超えて繋がれるネットワーキング、スキルアップやキャリア開発ができることを目的としています。

1. 定例勉強会

東京を中心に全国各地で開催する少人数制の勉強会。営業のスキルアップやキャリア開発に役立つノウハウを身に付けられます。時には講師を招いて学びます。

2. 達成女子大学

16年9月に開校した営業目標を達成できる営業女子になるためのスキル講座。他社の営業女子と切磋琢磨しながら新しい営業の勝ちパターンを組み立てていきます。

3. 営業部ママ課

営業職に就いている育児中のママを応援するための勉強会。営業と育児の両立をするためのノウハウ、営業ママとしてどうキャリアを積んでいくかを考える勉強会です。ロールモデルとなる外部講師をお呼びしています。

4. 全国でのイベント開催

「夏の女子会」のような自主開催のイベントから、地元の行政とタイアップした一般市民向けのイベントまで50～300名規模のものを展開しています。ここでは女性の活躍に向けた啓発を目的としたフォーラム、ワークショップの開催をしています。

5. 企業向け営業女子活躍推進コンサルティング、研修の企画

企業や行政向けに、営業女子活躍のための人材育成コンサルティング、研修やセミナーの企画・実施を行っています。

6. マーケティング企画協力

人と会うことが多い営業女子ならではのライフスタイル感、ビジネス感覚を活かして、企業とタイアップした商品開発・プロモーション支援、マーケティングのお手伝いをしています。

活動範囲も広がってきましたが、基本となるのは、「営業女子がイキイキと働き続ける」こと。

職場でのさまざまな悩みも同じ営業女子の仲間に相談することでストレスが解

消されたり、実際の解決、あるいは改善の糸口が見えてくることがよくあります。

そして営業女子が長く働き続けていくには、何よりも本人の営業スキルが重要です。営業の実力があり、結果を着実に出せるようになれば、自然と部内に居場所もでき、職場でも味方ができてきます。

働き方などへの提案や相談にも耳を貸してくれる人が増えていくことでしょう。

営業部女子課には、キャリアを広げていくためのキャリアデザインの場。営業スキルを磨くためのさまざまなノウハウをはじめ、現役の営業女子だからこそ、会社だけでは解決できない悩み例とその解決例の数々が蓄積されています。もし悩みを少しでも解決したい、前向きな他社営業女子と繋がりたい、と思う方はぜひ営業部女子課にご連絡ください。

営業部女子課のメンバーは、今や3100人超に

営業部女子課は、2013年に一般社団法人となりました。

当初は首都圏での活動が中心でしたが、やがて地方にもメンバーが増え、現在は全国27都道府県に「支局」と呼ばれる支部を置き、地元で営業女子として働くリーダー（特派員と呼んでいます）と共に勉強会開催などの活動を進めています。

メンバーは会員登録ベースで3100人を超え、営業女子コミュニティでは日本最大です。最近では企業や行政向けにも働きかけをしています。女性営業の育成や活用を進めていきたいという企業や行政へのコンサルティングや研修の企画提案・実施、講演会の企画なども行っています。女性の営業職が増えて、活躍する人を増やすには、当の営業女子たちが意識を高めていくことも重要ですが、何よりも不可欠なのは、営業女子を取り巻く環境改善、上司の意識改革です。

仕事も社会貢献も両輪で進めるからこそ人生が豊かになる

ところで「営業部女子課」の活動は、私が主体となるものも多いですが、多くのプロジェクトは営業部女子課のメンバーがリーダーシップを発揮しています。現役の営業女子なので本業も忙しいのですが、みなさんパワフルに営業部女子課の活動にも携わっているのです。

メンバーを見ていると、今の若い世代は社会貢献的な活動に関心が高いのを実感します。

自らも当事者だからこそ、未来の営業女子をサポートしていきたい、働く環境を変えていきたいというソーシャルな意識が高いから、活動がこれほどアクティブなのでしょう。

最近、日本でも「働き方改革」が進んでいますが、その中で副業やパラレルワークの重要性も論じられています。まさに、営業部女子課のような社会活動を、本業の社外で進めることで、視野が広がり人生そのものが豊かになるのです。これを、営業部女子課メンバーは体現しています。

たとえば、日本政府・外務省主催の国際シンポジウム「WAW!2015」では、私たち営業部女子課は協力団体として、著名人や日本全国市民の「女性が輝く社会に向けたアイディア」を集めて、総理も出席する会場でアイデアをお届けしました。

また徳島支局では、「働く女性の未来フォーラム」というイベントを共催して地元の市民300名を動員。仕事だけでなく、何か社会に還元できることはないかと積極的に活動しながら、営業女子が増えていくために力を注いでいます。

仕事も社会貢献活動も両輪で進めていくから、どちらもやりがいに満ち溢れる。メンバーの女性たちは、その二つを区別するわけではなく、どちらも「ワクワクするから」という理由で関わっているという印象を私は持っています。

グーグルのプロジェクトでサポーター企業100社を集める

最近ではＧｏｏｇｌｅのプロジェクト「Ｗｏｍｅｎ Ｗｉｌｌ」にも参加しました。女性が働きやすくなるアイディアを集め、サポーター企業・団体と共に実践していくというプロジェクトですが、営業部女子課の高知支局では、「サポーター企業を高知県内で100社集める」という目標を掲げ、わずか46日間で達成しました。大きな快挙です。日頃仕事で、そして営業部女子課の活動で地元企業と密接にコミュニケーションを取って地道な活動を続けてきたからできたこと。目の前の人にきちんと声がけをして、自分はこんな働き方にしたい、こんな街にしたいという思いを語っていったことが大きかったと思います。まさに営業女子の持つ「営業力」を地元活性のために捧げた例です。その後も、Ｇｏｏｇｌｅ社の「Ｗｏｍｅｎ Ｗｉｌｌ」とはコラボして「未来の働き方」勉強会を推進中です。地方にも、さらに営業女子が花開く種まき活動を進めていきます。

営業女子が活躍すれば、働く人も会社も社会も元気になる

営業部女子課の活動について、男性の中には、「ふーん、女性も頑張っているんだ、よかったね」と低いテンションの反応をする方がいます。自分たちには関係がない問題と思う方も多いです。

しかし女性の営業職が増えるということは、単に女性だけの問題ではないのです。

1章でも触れましたが、今「営業女子」が注目されている理由は、社会が変わり、人々の価値観やライフスタイル、消費行動が変化していく需要に対応するために、直接利益を生み出す「営業部のあり方」も変化していく必要があるからです。

変化を起こすため、新しい風を吹かせる一つの存在として、営業女子の活躍がクローズアップされてきたのです。

ではどんな変化を起こすことを目指しているのでしょうか?

ひと言に集約するなら「多様性」の実現です。

消費者の価値観が大きく変わり、そのニーズも消費行動も非常に多様化しています。最近ではインターネットを通じて個人間で物やサービスを貸し借りする「シェアリング・エコノミー」が広がってきています。たとえば「カー・シェアリング」であったり、家や部屋を貸し出すAirbnb、スマートフォンを利用して個人が配車サービスを行うUberなど既存の業界に影響を与えているケースもあります。商品やサービスを買う、所有するのではなくシェアするといったように消費に対する基本的な考え方も多様化しつつあります。

このように消費のあり方が変化する時代、自分は何も変わろうともせずに待っているだけではお客さまはやってきてくれません。

多様化するニーズや消費行動に対応して、臨機応変に私たちも変わる必要があります。つまり私たちも、この時代や流れに合った「勝ちパターン」を編み出さなくてはなりません。

そのためにも、多様なバックグラウンドや価値観を持つ人材が、「売る側」にも必要です。その一歩となるのが、営業女子の活躍なのです。

多様化実現への大きな一歩となるのが営業女子の存在。前述のように、特に営業の世界では、男性の働き方をベースとしたモノカルチャー文化が浸透していました。しかし、それはもう限界にきています。男女関係なく、あらゆる人が働きがいと働きやすさを叶えていく時代です。

「営業女子」を増やそうという動きが近年多くの企業で進められてきましたが、ただ、注意すべき点は、単に女性を営業部に配属すればよいというわけではないのです。

彼女たちが、「今のままの組織である営業部」に過剰適応して「男性化」することではなく、それぞれの強みや能力を生かし、今まではなかったような、多様な勝ちパターンで活躍していくことに意味があります。

多様な人材を集めればいいわけではなく、互いに協力してそれぞれの強みを生かせるような組織になることが大切です。

たとえば子育て中の女性が営業部にいるだけで、生活者視点という他とは違う切り口で、お客さま提案が可能になります。

多様なバックグラウンド、持つ強みが商売の世界でも生きてくれば、その分だけイノベーティブな提案が生まれてくるはずです。

これは、何も女性だけに限ったことではありません。

営業女子の活躍に続いて、今後さまざまなバックグラウンドを持った人材が営業部に入ってくることで営業部が多様化し、営業スタイルが多様化していくことが望まれます。

まずは営業女子の登場に刺激を受けて、営業部全体が活性していくこと。それこそが、営業女子活躍の大きな意味なのではないでしょうか。

営業ママが活躍できる職場は、みんなが働きやすい職場

営業部に多様な人材が集まるということは、必然的に働き方にも多様性が求められます。

営業女子の観点からは、出産後も女性が働き続けられる制度や環境を作っていくことが重要ですが、これも単にワーキングマザーだけの問題ではありません。ワーキングファーザー、そしてご自身が病気を持ちながら働く人や、家族の看護や介護などさまざまな事情を持った働き手の問題でもあります。

適切なセキュリティ対策がとられれば、会社のパソコンを貸与し、リモートワークも可能になります。自宅で作業ができるだけでなく、海外どこからでもウェブ会議などに参加でき、時間短縮のみならず、場所を変えて仕事をすることで豊

かな創造性を育み出すことができます。

その他、勤務時間をフレキシブルにする、時短勤務とするといった制度も必要ですが、何よりも大事なのは、一緒に働くチームや部署における理解とサポート体制を作っていくことでしょう。

営業ママが出産後、復職して働き続けられる職場環境は、結果としてさまざまな事情をもった働き手がフレキシブルに働ける環境ということになります。

つまりは誰にとっても働きやすい環境ということですね。

では、営業女子が元気に働き続けられる社会が実現するとどうなるでしょうか。

まず、多様で新しいニーズが掘り起こされ、営業部が元気になります。当然、業績も上がり会社も元気になるでしょうし、結果的に経済も活性化していきます。

次に営業女子、営業ママが働き続けられる職場は、他の人にとっても働きやすい環境です。今、問題となっている長時間労働も是正され、ワークもライフも豊かな働き方ができるようになり、職場の目標達成のみならず自己実現もしやすくなります。

また、ワーキングマザーをはじめ、さまざまな状況にある人も活躍できる多様な働き方が可能になってきます。

さらに営業を中心に働く女性が増えるということは、稼ぐ女性の数が増えるということ。営業女子の平均年収の高さ、そして女性のほうが消費意欲は強いというデータもありますから（27ページ参照）、消費行動の活性化につながるでしょう。

営業女子が長く働き続けられる社会が実現すれば、働く人も、会社も、社会も今よりも元気になります。

「営業女子１００万人で輝く社会を！」という目標は、営業女子や女性のためだけではなくて、あらゆる人が輝ける環境を作るためのエンジンなのです。

第4章

営業女子が元気に活躍し続けていくには?

営業女子が長く働き続けていくために必要なこと

営業女子が働き続けていくのを阻むものとして、3章で触れたように「営業部で孤立する営業女子」「長時間労働、根性主義のワークスタイルについていけない」「出産で大多数が退職、または内勤職に異動」といった3つの背景があります。

その解決には会社が本気で変わっていくこと、職場環境や制度の整備、上司の理解やサポートが不可欠です。

その一方、営業女子自身も働き続けていくという意識を持つこと、結果を出し活躍する営業女子でいるためのスキルや能力の開発といった努力をしていくことが求められます。また「うちの会社は何も変わらない」と受け身の姿勢でいるのではなく、営業女子自ら率先して、職場の状況が変わるように働きかけていくことも大切です。

本章では、営業部女子課の活動を通じて見えてきた、「営業女子が活躍しながらずっと働き続けていくための方法」をご紹介していきたいと思います。

【キャリアステージ編】
キャリアステージとライフイベントについて知っておきたいこと

営業女子が活躍しながら長く働いていくためには、まずライフイベントによって働き方は変わる、という現実を知っておく必要があります。

キャリアを重ねていくに従って、求められる仕事の内容やレベルが変わっていくのはもちろんですが、今後経験するかもしれない結婚や出産、あるいは介護といったライフイベントによっても働き方を変えていかなくてはならないからです。

ライフイベントの仕事への影響は、通常、女性のほうがずっと大きいのが現実。というのも、まだわが国では「家事」においては、女性が約85%を担い、「育児」

においては約80％を担っている、という現状があります（国立社会保障・人口問題研究所「第5回全国家庭動向調査」（2013年））。ですから、一般的なライフイベントを考慮し、その都度ライフステージに合った働き方を準備することが大切なのです。

たとえば出産後も働き続けるには何がネックになるのか、どんな働き方なら続けられるのか、どんな助けが必要かなどを今から考えていきましょう。

もちろん将来のことは、予測不可能です。

人生には、「予期していたことが起こる」だけではなく、「予期していなかったことが起こる」または「予期していたことが起こらなかった」こともあります。

私は大学在学中に妊娠、出産を経験しました。これはまさに、予測不可能なことで想定外の出来事でした。あるいは病気にかかったり、事故に遭うかもしれません。親の介護や配偶者の転勤によって生活の場所を変えなくてはならない場合もあるかもしれません。あるいは突然の転勤や異動によって環境がガラリと変わることもあります。

だから、どんな時でも「ぶれない自分」を確立することが大事で、予測不可能な人生だからこそ、ぼんやりとでもいいから「自分はこういう働き方をしたい」というキャリアデザインを持っておくことが大切なのです。

20代、30代の営業女子のキャリアは大きく3つのステージに分かれています。けれど、多くの場合、このステージを考えないで営業女子人生を始めてしまうため、未来の目標が描けなかったり、モチベーションが維持できない、という問題が出てくるようです。

・新人・若手ステージ(20代前半~20代半ば)

キャリア形成期。キャリアの土台を創る時期。

お客さまと信頼関係を結ぶことを基本目標に、多くの知識や経験を一心不乱に身に付ける。

・中堅ステージ（20代後半〜30代前半）

キャリア確立期。プロフェッショナルを目指す時期。

プロの視点からの専門的なアドバイスや提案ができることを基本目標にして、営業職としての価値を高める。

結婚や出産といったライフイベントを迎える女性も多く、効率的に成果を出す働き方が求められる。

・達人（唯一無二）ステージ（30代半ば〜）

キャリア熟成期。豊かな知識や経験を生かし、独自の営業スタイルを確立。

子育て中の女性も多く、生活者視点を仕事に生かすことも。

「新人・若手」ステージは営業の土台を創り上げる時期

入社1年目～3年目あたりの新人・若手のステージはいわゆる「キャリアの形成期」です。

この時期は、ただ一心不乱に目の前に降りかかる仕事に取り組み、真摯に対応していく姿勢が期待されます。その過程で、多くの知識を身に付け、新しい挑戦を繰り返して、「経験値」という財産を築き上げるのです。

ここで頑張ることで、「キャリアの土台」がしっかり形成されます。

たとえば「お客さまと信頼関係を結ぶことができた」「自分の一生懸命さが相手に伝わり契約につながった」「誠実できめの細かい対応がお客さまから支持された」といった経験がしっかりできるといいですね。

また、お客様から「若いのに頑張っているね」と褒められるのも、このステージの営業女子の特権です。新人・若手ステージでは思い切り頑張って、さまざまな業務を確実に「できるようにする」経験を積んでください。

新人時代は、その知識や技量だけでは当然、周囲の営業パーソンに追いつくこともできません。かつ、お客さまのほうが「その業界やサービス等に詳しいか、あるいは知っている」状態なので、正攻法では太刀打ちできません。

しかしこの時期にだけ許される成果の出し方が、「教えてください」というアプローチです。「勉強させてください」といったアプローチでお客さまからマメにヒアリングを行えるのです。知識や経験の不足を「教えてください」というアプローチで強みに換えて、コミュニケーションに活かしていくのです。そうすれば、返報性の法則で、相手からも「一生懸命頑張っているから、これは君にお願いしよう」という動きにもなり得ます。

なお、こうしたやり方で成果を上げられるのは、あくまでも新人+若手時代のステージだけです。「よくわからないので、教えてください」というアプローチを30歳近くになっても続けていたら、少し「痛い営業」になってしまいます。

ですから、「一生懸命な営業」でコミュニケーションを進めながらも、必死で専門知識を習得し、次なるステージの準備をしてください。失敗経験を通じて正しいやり方に気づく機会も多いので、できるだけ場数を踏んでさまざまな経験を積みましょう。

新人・若手のステージは「筏《いかだ》下り型」とも呼ばれます（「キャリアデザイン入門」Ⅰ 大久保幸夫著）。まるで激流を筏に乗って川を下るように、目の前に降りかかった仕事に全力で対応していく。けれども、その激流に乗り経験していくことこそが、基礎を創り、盤石なキャリアを形成していくといわれているのです。

この話をすると、「私はこれまでの3年間、とにかく必死に動いてきました。将来なんて考えられる余裕もなかったけれど、この筏下りの真っ最中に私はいたんですね。なんだか安心しました」と安堵する若手営業女子が多いのですが、新人・若手は激流を下っていく勢いで仕事をしていいのです。

プロフェッショナルの入門を目指す中堅ステージ

キャリアの土台を築いた次にやってくるのは、キャリアを確立していく「キャリア確立期」です。おおよそ入社4年目以降、26、27歳くらいから30代前半のステージです。

これまで身に付けたスキルや経験を生かし、プロの視点からの専門的なアドバイスや提案をして、お客さまから一目置かれる存在になることが求められます。

実は新人・若手から中堅への移行はなかなか厳しい道のりです。なかなか中堅のステージに上がれずにその手前で伸び悩んでしまうケースや、中堅ステージに上がる前に離脱してしまうケースも少なくありません。

新人・若手のステージではそれなりの成果を出していたのに、30歳近くになって伸び悩み、同僚にも追い抜かされていく営業女子の例は、よくあります。

これはいつまでも前のステージのやり方のままでいるからです。キャリアの段階によって期待される能力や求められるスキルは違ってくるのに、新しいステージに向けての準備を怠っているからです。

中堅のステージに入ると、残念ながら「偽バーンアウト症候群」で辞めてしまう営業女子が出現します。本人は「やれることはやり尽くした」と思い込んでいるのですが、実際には燃え尽きているのではなくて、新人時代と同じ仕事の仕方をしていて伸び悩んでいる状態です。

新人・若手ステージの「お客さまと良い人間関係を創れる営業」から「専門的な見識を持つプロフェッショナルへ」に目標を切り替え、自分自身の存在価値を高める努力をしましょう。

以下の二つのアプローチで専門性を磨いてみてください。

1．専門的知識を深める

日頃から業界紙を読んだり、専門書で知識を深めましょう。

日々刻々移り変わる社会情勢に敏感に反応し、それが仕事にどう影響を及ぼすかを考えましょう。担当する業界、商品の専門的な知識に熟知し、他社との違いや優位性を明確に語れるでしょうか。またそれを、お客さまの理解度に合わせて話すことができるでしょうか。

2．専門スキルを生かして顧客に提案やアドバイスをする

顧客を取り巻く業界、環境を熟知し、専門的な提案ができているかが大事です。「お客さまと仲良くなる」という新人・若手ステージを超えて、プロとしての自覚を持ち、専門知識や経済情勢や業界動向もおさえて、顧客に的確な提案やアドバイスができるようになりましょう。

凡庸な提案を繰り返すのではなく、その時々の情勢に合わせたタイムリーな提案やアイディアをいくつも生み出して、顧客に提示できることを目指すのです。

今までと同じやり方だけに終始せずに、新しいやり方を模索し、挑戦してください。「できること」の種類を増やしていきましょう。

また、競合他社では成し遂げられないようなサービスを生み出して、明確な差別化を図れるように努力すれば、あなたの可能性は広がります。

なお中堅のステージは、結婚や出産という大きなライフイベントが重なってしまう女性も多いですね。

現在、東京都の初婚平均年齢は29歳、第一子出産年齢は30歳です。営業女子として「プロフェッショナル化」するキャリア形成期において、どうしても働き方を変えざるを得ない時期が到来します。だからこそ、悩みます。

こうしたライフイベントの影響で悩む時期ではありますが、だからこそそれに対応できるようにスキルや経験を積んでおく「準備」が必要だと思っています。

私が「達成女子」にこだわる一つの理由には、この大きなライフイベントと仕事を両立させて、働き続けていただくためということもあります。

たとえば、出産後も営業女子が働き続けるには、現実問題としてその人自身が会社に「必要とされる人材」であることが、何よりも重要だと実感しています。

もちろん会社が制度や環境を整えていくべきですが、「達成女子」として結果を出してきた営業女子なら、周囲の信頼も厚いため、出産後の勤務体制やサポート体制も「あの人はうちに必要だよね」と、あなたの達成貯金が評価され、会社を変えていくことも可能な場合が出てきます。

ですから、育児中など「しゃがむ」時期の前に、期待される目標を達成して実績を積むことが大事です。

「達人ステージ」は独自の価値をつけて唯一無二の存在を目指す

このステージは、キャリア成熟期に当たります。

このステージの営業女子は、専門知識や経験も豊かです。ここからは自分なりの営業スタイルを熟成させていくことが目標になります。あなたならではの営業スタイルですね。チームの一員でありながらも唯一無二の存在となっていくイメージです。

「この分野なら彼女」「このお客さまなら彼女」と言われる存在を目指しましょう。あるいは、リーダー的ポジションとして、部下や後輩の成長を応援する立場になることもあるでしょう。

また、この時期は中堅のステージに引き続き、結婚、出産、子育てとさまざまなライフイベントが立て続けに起きて、私生活も大変忙しくなる営業女子が多いです。

子育て期間は、働ける時間も限られてきますので、仕事の上では不利だと思われがちですが、実は「生活者目線」を営業に生かして、より深い提案ができるようになるのもこの時期です。

私も母親になって生活者目線がより深まったと感じました。

リクルートで飲食店の販促を担当していた時に「ママ会の販促」という企画を提案して成功したのもその一つの例です。

幼稚園に子供たちを迎えにいくまでの間にランチ会を開くのが、ママたちは大好きなんですね。ただし彼女たちがお店探しに結構苦労しているのを知っていたのでこのような企画を思いついたのでした。プライベートでの忙しさというのは仕事にとってハンディになるわけでもない。むしろ強みになることが多いのです。

30代半ばになると個人プレーヤーとしてだけでなく、リーダー職や後輩指導に従事する人も増えてきます。さらに40代になるとマネジメント的な能力や後輩指導、それ以上になると経営的な視点も必要となっていきます。焦る必要はありませんが、今までよりも「ワンステージ上」のスキルや知識を得てこそ、成長にもつながります。

求められる仕事のレベルはさらに高くなっていきますが、その分仕事の面白みも深くなっていくステージです。

常にスキルをアップデートする

自分がどのステージにいるか、そしてライフイベントによって、求められる目標や働き方は変化していきます。

成果の出し方はそれぞれのキャリアステージで異なるので、もし今が「マンネリ化してきたな」と悩みはじめたら、それは「次のステージ」へ跳躍する時かもしれません。

人は何歳になっても成長することができる、というのが私の持論です。マンネリ化を感じても、それを放っておくと、それまで何とか「愛嬌」だけで「たまたま」結果を出せていたことも通用しなくなり、後輩に抜かされていくかもしれません。

もしも「前と同じように営業しているのに成果が出ない」「一度掲げた目標は達成してしまって今は向かうべき場所がわからなくなった」状態であれば、あなたはまさに「次」への扉を開くターニングポイントにいます。

自分はこれからどう成長していきたいのか、未来のキャリアを思い描きながら、目標もアップデートしていく。「今まで知らなかったこと」を知識としてインプットでき、「できなかったこと」ができるようになることこそが、成長の証です。

何歳になっても人は勉強が続くのです。私も常にアップデートを心がけて、

「日々成長」を目指しているところです。

【職場環境改善編】声を上げなければ、周囲は営業女子の実態をわかってくれない

営業女子活躍のために、もし現場視点で「こうすれば長時間残業しなくてもすむ」「こうすれば出産後も働ける」という提案があれば、どんどん会社や上司に直談判しましょう。

もちろん会社や上司のやり方や考えを真っ向から全否定するのではありません。「私たちの会社でも、営業女子がさらに長く働き続けて、ハイパフォーマーを増やすために、ここは、こうしてみたいのですが」と提案してみる。「早朝の会議は子供を保育所に送っていかないといけないので参加できないのですが、ネットで参加するなど新しい方法を一緒に考えてもらえますか？」など、みなさんの現場の立場だからこそ気づく点を提案するのです。

社内調整も立派な営業力です。日頃鍛えた営業力を社外だけで使うのはもったいないですね。この本をお読みの皆さんは、未来の後輩たちの活躍のためにも一石を投じてみませんか?

男性上司の多くは、「前例がない」ことに戸惑っています。

具体的に営業女子がどんなことに不満なのか、どんなことで困っているのか、想像さえつかない人もいます。現場視点の営業女子からの情報提供はありがたいし、提案してもらって良かったと思っているケースも意外と多いのです。

「上司がわかってくれない」だけで終わる「〜してくれない症候群」になってしまわず、営業力を発揮しつつどんどん提案をしてみてください。

営業部女子課のメンバーの中には、自社のダイバーシティ推進のメンバーに立候補して、営業部女子課で得た活躍のノウハウや他社事例を自社に持ち帰り、重宝されている方も複数います。ある大企業に勤める営業女子の方は、このように社内でも啓発活動に取り組んだ結果、「社外でも頑張っている」様子が認められ、社長から直接表彰されました。

あなたが一歩踏み出すことで、環境が変わっていくかもしれませんよ。

出産後、営業として働き続けるためには？

現在営業女子が働き続ける上で一番大きな障害となっているのは、「出産後の復職」問題です。

多くの企業では営業部の女性が妊娠すると、内勤の部署への異動になったり、あるいは出産を機に退職してしまうというケースが圧倒的に多いのです。

子育て中の女性が働き続けられる職場環境を作っていくことが、誰もが働きやすい環境を作っていく上で望ましいことなのですが、こうした体制作りはようやく今、動き出したところです。

子育て中の女性が無理なく働き続けるには、多様な働き方が取り入れられること。実際、営業部ママ課のワーキングマザーたちも、時短勤務や在宅勤務、直行直帰の体制などに救われているそうです。

多様な働き方が重要なのはもちろん、大事なのは部内、チーム内のサポート体制です。

子供の急な発熱などで早退しなくてはいけないといった時に、あらかじめチームの連携をしておけば、他メンバーが代役で仕事をする。そのためには仕事の内容、担当している顧客情報などをあらかじめチーム内で共有しておき、何かあっても他の人が引き継げる仕組みが必要です。

「このお客さまは私でないと務まらない」といった思いを持ちやすいのが営業という仕事です。「私でないとだめ」という思いが、仕事のモチベーションとなっているところもあります。しかし、「べつに私がいなくても仕事は回っていく、回せていく」状態を作るのが、これからの働き方に求められています。営業職自身も、意識を変えていく転機なのです。

そういう意味でいうと、いわゆる「カリスマ営業」はこれからの時代、あまり重宝されないのではないかと思います。発想の転換が必要かもしれません。

【出産後も女性が働き続けている会社の事例】

なによりも周囲のサポート体制が重要

営業女子が出産後もずっと働き続けられる環境にするには、どうすればいいでしょうか。

そんな中で、これまで私はヒントとなるような会社を取材してきました。ある不動産会社では、チームの女性が妊娠すると、本人含めてチーム全体で産休育休中はどのように仕事を担当し、どのようにすれば彼女に安心して復職してもらえるかを全員で話し合う場を設けるそうです。出産前からみんなでその女性の復職プランを考えるようにすることで、チームに一体感が生まれます。チーム内の若手男性も女性の働き方を真剣に考えるようになるので、もはや女性だけの問題ではなくなります。

産休育休を取る女性がいると「彼女の分の仕事が回ってきて大変だ」というよ

うに忙しさばかりが表面化するケースもありますが、出産前からみんなで一緒になって考えることで、周りの意識が変わってきます。

こうした信頼関係が存在することによって、仕事の割り振りであったり、その女性をはじめ誰かが急に休んだり、早退しなくてはならない時の引き継ぎ役はどうするかといったことも、スムーズに決めることができたそうです。

時短や在宅勤務といった制度も大事ですが、やはりサポートする体制をみなが納得して創り上げたという視点を、見習うべきだと思いました。

以下、私が取材してきた中で、営業のワーキングマザーが活躍している会社の事例として有効だと思う策を並べてみました。

・働く時間の限られている営業ママは、お客さまが「長時間労働」である会社は担当しない。外資系企業など、ワークライフバランスが整っている企業を担当することで、訪問やメール対応なども昼間に集中できる。

・元営業職を営業ママの営業アシスタントとして配置する。営業ママは営業アシスタントと常に情報を共有し、17時以降もお客さまをサポートできる体制を作る。
・営業ママになったら、「生活者視点」が生きる企業を担当してみる。たとえば、ベビー用品を扱う企業など。
・平日の昼間だけで対応が完結するお客さまのみ担当する。たとえば、シニア層など。
・営業ママになったら、新規開拓ではなく、ルート営業専任になる。

ワーキングマザーの問題だけでなく家族の看護や介護をしなくてはならないといった社員がいる時にも、チームでサポートしていく体制は、同じように有効ではないでしょうか。

リーダーシップは「上司」だけのものではない

職場の問題と大きく関わってくるのが上司です。

上司に対する営業女子たちの不満を聞いていると、基本的には、「わかってくれない」「職場環境を改善してくれない」という受け身な態度が目立ちます。

こんな不満が出るのも、「リーダーシップとはリーダーだけのもの」という思い込みがあるからかもしれません。

しかし、本来のリーダーシップの意味は、「自分が主体的に動くことで周りを巻き込み、相手に影響を及ぼすこと」を意味します。つまりポジションの上下は関係なく、誰もがリーダーシップを発揮することはできるのです。

以前、営業部女子課のイベントで講師をしていただいた株式会社ヒューマンラボ取締役で関西学院大学非常勤講師の船越伴子先生は、リーダーシップは以下の

4つの種類に分けられるといいます。

①パートナーシップ

お客さまやパートナー企業に対しての【互恵関係の構築力】（信頼関係に基づいたＷＩＮ‐ＷＩＮの役割行動のこと）。

②フォロワーシップ

部下である自分が上司に対しての【上司補佐力】（上司が正しい意思決定ができるように助ける役割行動のこと）。

③リーダーシップ

部下や後輩に対しての【指導育成力】（部下の成長を促す役割行動のこと）。

④メンバーシップ

同僚や他部署、プロジェクトメンバーに対しての【連携関係の構築力】（共通目標に基づく連携による問題解決の役割行動のこと)。

「相手を巻き込み、相手に影響を及ぼすために自分が主体的に動いていく」ことがリーダーシップだとすると、これは、全方位で発揮していくことができるものなのです。

たとえば、1のパートナーシップについては、顧客に対して自分が主体的に動き、成約をいただくこと。これは営業の仕事そのものです。

社内においても、上司に対しては上司が正しい意思決定ができるようサポートする「フォロワーシップ」、他部署やプロジェクトメンバーと連携して成果を導いていく「メンバーシップ」など、リーダーシップは何も「リーダー」だけのものではないのです。

人間関係がぎくしゃくした場合の改善法は？

30代以上など、それなりにキャリアを積んだ営業女子の場合、異動してきた上司のほうが経験不足ということもあるかもしれません。

こういう時には往々にして「うちの上司は営業のことをわかっていないから」と部下が上司を馬鹿にしてしまうケースもでてきます。一方、上司のほうは優秀な部下に嫉妬して関係がこじれたり、部下のやり方に強権的な姿勢で理不尽な指導をするということもあります。複雑な感情がもつれあう中で、「あんな実力のない上司は尊敬できません」と嘆き、モチベーションが大幅に下がったり、あるいは転職を考える…という悲劇は、実際に起こり得ます。

しかし、見方を変えると営業を知らない上司が来たときは、部下の自由度は高くなるはずです。ただ、上司が部下に脅威を感じると管理を強めてくることも。だから上司と良好な人間関係を作り上げることが絶対不可欠なのです。

人間関係がぎくしゃくしてしまった場合、どのようにして改善していけばいいのでしょうか。これは、部下側から歩み寄って関係をよくしていくしかありません。これこそが、フォロワーシップなのです。

「自分が叶えたい」ことを明確にして、そのために上司の応援をとりつける。頼られるのを嫌がる上司はいません。リーダーシップというと「上司側のスキル」と誤解しがちですが、実は部下のスキルの一つでもあるのです。

「人に頼られる」と頑張る上司なら、仕事のことでいろいろ相談をしてみるとか、時には「お知恵を拝借したいのですが」と甘えてみる。他の部署と比べ、営業の人たちは、日頃の仕事のスキルを社内の人間関係にも応用できるという点で有利。せっかくの仕事のスキルを職場でも最大限に活用しないともったいないです。

中には、「上のやり方に口を出すな」といった独裁型の上司もいまだに存在しています。まったく部下の話を聞かない、長時間労働を強制する上司の下、いくら戦ってみても部署全体もまったく変化しそうにないといった時は、人事に相談をするか、本気で転職を考えて、準備をはじめるしかありません。

営業部女子課のメンバーの中にも、会社内でもリーダーシップを発揮して会社を変えていっている人が何人もいます。

たとえば繊維関係の企業に働いている女性は、出産後に復職する営業女子が皆無な職場を変えようと、自ら「復職プロジェクト」を立ち上げました。上司や部署を巻き込み、最終的には会社を動かして、営業女子が営業ママとして働ける制度、職場環境の改善を進めたそうです。

自動車の販売会社で働く女性は、女性の視点に立った販売促進ツールを開発しました。上司や会社を巻き込み、おかげで多くの女性のお客さまを獲得できたそうです。男性中心の営業部では出産後に復職が難しいとか、狩猟型営業が中心で農耕型営業を実践しづらいといった悩みを多くの営業女子が口にしています。しかし、営業女子自らが主体的に行動してリーダーシップを発揮することによって、変わっていくことも。巻き込む力。それこそがリーダーシップの一つです。

チャンスがあれば積極的にリーダーに手を挙げてみる

仕事をしていれば上の地位に出世していくことは、キャリアにおいてごく普通のこと。しかし女性は、管理職になることを躊躇する傾向が強いです。

実際に管理職に抜擢された多くの営業女子は、「えっ」と戸惑います。不安とチャレンジ精神が混ざった気持ちですが、どちらかといえば不安のほうが強い。私の知り合いには、管理職になるのがイヤで泣いてしまった人もいるくらいです。

最近は男性も出世欲が低下傾向にあるとはいえ、「今でさえ大変なのに、これから家庭を持って、さらに忙しくなるなんて無理」と泣く人はいない。やはり女性特有の反応でしょう。

女性管理職の絶対数が少なくて、お手本がいないのも不安を増幅しています。管理職になったらどういうことなるのか、まったく見えない。しかもこれまで管理職にまで登った数少ない女性たちというのは、いかにも「バリキャリ」という感じ。「ああいうふうにはなれないし、なりたくない」と思ってしまう。実際にはバリキャリ型の管理職は女性管理職の一部であって、違ったタイプもいるのですが、そこまでは見えていないのです。

未知の領域に不安が去来するのはわかります。

しかしもしチャンスがきたのであれば、「チャンスの神様は前髪しかない」と、私は掴むべきだと思います。バッターボックスに入ってしまったらもう打つ以外ありません。

もしも、空振りばかりであれば、それはその時のこと。管理職をやってみて違う景色が見えたのですから、それはそれで良い経験です。アウェーの世界へ行ってこそ自分の本当の適性も見えます。「私はみんなを引っ張っていくのは向いていていないかな」と。

また上司側になってこういう時にこう思っていたんだとか、こうやっていたんだということも実際にその立場を経験することでわかります。違う景色を見ることでチームのコミュニケーションに役立つ人材にもなれます。

だから、チャンスがきたら積極的に受けて、経験を広げていくべきです。

さらに、プロジェクトベースでの仕事が会社でも増えていく時代です。短期間で成果を上げなければいけない時代になってきているので、誰もが傍観者でい続けることは許されません。自分で主体的に動ける人が勝つ。そういう時にもリーダー経験は大きく寄与します。

またポジションが上がったほうが、自由裁量が増えて仕事がしやすくなります。管理職の責任ばかりが重くのしかかるようですが、上にいけばいくほど自分の都合に周囲に合わせてもらいやすくなるのです。

女性こそ、これからのリーダーに向いている

リーダーに求められることも、以前とは変わってきています。昔は「この指示に従え」というような支配型タイプのイメージが強かったようですが、今はチームのメンバーの多様な意見を聞きながら、それらを一つに集約し、応援していく役割が重視されています。いわゆる「サーバントリーダー」の発想ですね。

強烈なカリスマ性を持つ人でなくても、メンバーみんなを主役にしていくというファシリテーター的なリーダーは、女性のほうが向いているかもしれません。

しかも今は、「こうでなくてはいけない」という一つのパターンではなく、仕事の内容も多様化していますから、リーダーも１００人いれば１００通りのやり方があってもいいのです。

もし、チャンスが到来したら喜んで引き受け、新しい役割にチャレンジするのもありかと思います。

「成功不安の罠」から脱出する

たとえば、ある不動産会社では、男女ともに同じ成果を出しているのに、女性のほうが、「私は全然成果を上げられていない」と過度に卑下しているケースがありました。

そういう女性に共通しているのは、期待される結果を出しているにもかかわらず、「まったく周囲の期待に応えられていません」と、過度に低い自己評価をしていること。

これは一般に「成功不安の罠」とか「インポスター（詐欺師）症候群」と呼ばれています。

周囲が高く評価しているのに「私は本当はそんなに実力がない」と感じ、まるで周囲を偽っている詐欺師のような気分になり、居心地悪く感じてしまうのです。

一般に女性というのは、男性に比べて自己評価が低いそうです。

もっと自信を持てばよいのに、成功することを勝手に不安がってしまう傾向があるのですね。

たとえばリーダー職を打診されて「私にはそんな実力はありません」と固辞する営業女子も「成功不安の罠」に陥っているといえるでしょう。

Ｆａｃｅｂｏｏｋの最高執行責任者のシェリル・サンドバーグさんは、「女性はまだ起こってもいないことを先取りして心配して緩やかに積極性を失ってしまう」と警告しています。

その結果、本来手にできるはずの成功を女性はみすみす逃していることが多いというのです。

もっと自分が頑張って行った結果には、自信を持とうということ。周囲のサポートがあったにせよ、自分が行ったことに変わりはありません。

根拠のない自信が営業を楽しいものにする

私がシンガポールの国立大学リー・クアンユー大学院の授業で学んだ内容で、ある教授はこんなことをおっしゃっていました。「イノベーションは、『根拠のない自信』を持つ人によって生み出される」と。根拠はないけれど「絶対すごいものができる」と確信して進むために、すごいものができあがるのだと。

もしかすると、私たちに必要なのは、「根拠のない自信」なのかもしれません。最初は根拠などなくてもいいし、あるはずもありません。

「私はちゃんと売れる人になれるんだ」という自信を持つことで、一歩を踏み出せるわけですし、その自信を持ち続けることで、成果を出し続けることができるのです。

成功すると周囲の女性との間でマウンティング（格付け）問題が起き、嫉妬されるといったことも、残念ながらでてきます。たとえば、「本当は自分としては頑張りたいのに、頑張っていますといった感を見せると周囲からいろいろ言われるから嫌だ」という現象です。もし、そのような不要な人間関係に陥っているのであれば、「いい人とだけつきあう」ことをアドバイスします。

つまりマウンティングに熱心な女性たちとつきあう必要はないということです。やっかむ周囲の人と距離を置くようになれば、自然と自分のステージも上がり、本当に良い人とつきあえるようになります。時には、目標を達成したいなら「根拠のない自信」を持ってみる。営業職としての才能を楽しく伸ばしていきましょう。

ロールモデルは「パーツ」で揃える

営業女子の悩みを聞いていると「将来の自分がイメージできない」という声がよく挙がります。その一つの原因が女性の営業職が少なく、周囲に「将来はこの人のようになりたい！」と思えるロールモデルが見つかりにくいということ。「40

代になったら、あの人みたいになっていたい」という存在がいないので、将来に対して希望が持ちにくく、目標に向かって頑張りにくいのです。

かつては自分にとってのロールモデルを探して、真似していくという方法が一般的にとられていました。しかし現代では、ロールモデルを探すのは女性の営業職に限らず難しいです。

会社の組織も働き方も業態も仕事の内容も、これほど多様化してくると、個人の歩むキャリアも必要とされる能力も人それぞれ異なってきているからです。

私がお勧めするのは、パーツごとのロールモデルを探すこと。スキルや知識の身に付け方、ワークライフバランスの取り方、キャリアの進め方など、「いいな」と思えるさまざまな人を、お手本としていくのです。

多くの「いいな」と思う「パーツ」を集めて、「自分用ロールモデル」を組み立てていく。自らの理想となるロールモデルを作り、主体的にキャリアを作っていく時代なのです。

あとがき

営業部女子課には、叶えたい夢があります。

「営業女子100万人で輝く社会を！」。

これが今、私たちが掲げるスローガンです。

まえがきに記したとおり、日本で働く営業職の男女のうち、女性は53万人。全体のわずか15％にすぎません。

少しずつ改善されてきたとはいえ、営業の現場では今も、長時間労働や根性論に頼ったハードな働き方が残っていて、女性の離職率が高く、勤続年数が短いのが現状です。

そこで営業女子を現在の53万人から100万人、全体の30％に拡大していこうというのが、私たちの目標です。

営業女子そのものの数が増えるということは、企業側もそのような状況に応じて変わらざるを得ません。

営業職でも女性が働きやすくなっていくはずです。

環境が整えば、営業職に就きたい、続けたいと思う女子がさらに増え、切磋琢磨することで、女性の営業力全体の底上げにもつながるはずです。

つまり……

1. 営業女子そのものの数を増やす

2. 営業女子になっても辞めない社会をつくる

3. 営業力を持つ女子を増やす

これが、わたしたちの「やりたいこと」です。

営業職に「チャレンジ」する女子を増やしたいと思っています。

女子大生の皆さんに営業職のイメージを質問すると「体力勝負」「家庭や子育てと両立できない」といった、マイナスの言葉が多く返ってきます。そのようなイメージを払しょくしたいのです。

また、営業女子をとりまく社会全体の働き方も変えていきたいと思っています。首都圏では、他団体や企業様とコラボして、勉強会やシンポジウムの開催などを続けています。

地方では、未来の働き方についての意識改革を積極的に進めています。営業の現場に女性が増えれば、顧客への提案にもさまざまなバリエーションが生まれ、それがイノベーションにつながるとも考えています。

最近、熊本で営業女子の皆さんとお話する機会がありました。大きな地震を経験した彼女たちは一様に「誰かの役に立ちたい」と話してくれました。自分たちが大変な目にあったにも関わらず、です。

私は、彼女たちの姿に、営業部女子課が進むべき道を見たように思いました。誰かに助けてもらったから、今度は私が誰かを助けてあげたい。そんな風に思い合う心が、社会全体を、そして私たち自身を変えてくれるのではないでしょうか。

かつては、何のとりえもなく、自信もなかった私が、営業という仕事と運命的な出会いをして、仲間に支えられ、ここまできました。今度は私自身が、営業という仕事に、そして全国の営業女子の皆さんに恩返しする番です。そのためにも、「営業女子100万人で輝く社会を！」。

そんな夢を、皆さんと一緒に叶えていきたいと思っています。

最後に、本書ができるまでに支えていただいた多くの皆様に心より御礼を申し上げます。心よりありがとうございました。

太田彩子（おおた・あやこ）
一般社団法人 営業部女子課の会　代表理事
株式会社ベレフェクト　代表取締役

内閣府特命担当大臣（男女共同参画）表彰「平成28年度女性のチャレンジ賞」受賞。日本政府・外務省主催　国際女性会議「WAW！2016」アドバイザー。

早稲田大学法学部卒業後、子育てをしながら（株）リクルート・ホットペッパーの企画営業職として社内表彰であるＭＶＰ制度にて表彰を３回受ける。その後独立し、主に女性営業職の人材育成に携わりのべ50,000人以上を支援してきた。2013年～2015年はセールスプロモーション企業（当時はジャスダック上場）の取締役として組織内の社員教育や経営にも携わる。

2009年よりライフワークとして始めた営業女子のための応援コミュニティ『営業部女子課』（一般社団法人 営業部女子課の会）を主宰し、営業女子登録数3,100人以上、全国27都道府県に展開できるまで成長させた。「営業女子100万人で輝く社会を！」をミッションに、営業女子活躍を目的としたスキル&キャリア勉強会やイベントの開催、行政や企業とのコラボレーションプロジェクトを生み出している。

NHK　「グラン・ジュテ」や日本テレビ「NEWS ZERO」、日経新聞などメディア出演多数。

代表著書に、「1億売るオンナの8つの習慣」「折れない営業女子になる７つのルール」（ともにかんき出版）、「売れる女性の営業力」（日本実業出版社）などがある。

営業部女子課サイト
http://eigyobu-joshika.jp/
太田彩子サイト
http://ayakoohta.com/

営業女子
働き方の基本がわかる教科書

2016年12月23日　第1刷発行

著　者　太田彩子
発行者　長坂嘉昭
発行所　株式会社プレジデント社
〒102-8641 東京都千代田区平河町2-16-1
平河町森タワー 13F
http://president.jp
電話　編集(03) 3237-3732
販売(03) 3237-3731
販　売　桂木栄一　高橋 徹　川井田美景　森田 巌
遠藤真知子　末吉秀樹　塩島廣貴
構　成　原 智子
編　集　渡邉 崇
装丁　秦 浩司 (hatagram)
制　作　鈴木澄子
印刷・製本　東洋美術印刷株式会社

ISBN978-4-8334-2214-7
Printed in Japan